wohn**stoff**

feine nähprojekte für zu hause

lisa stickley

dieses buch ist tante linda gewidmet,
für ihre ungebrochene lebensfreude und
liebe, für ihre unterstützung und ihre
wunderbare, bunte kleidung.

projektmanagement: rahel goldner
fotos: ben anders
übersetzung: bernadette mayr, kempten
lektorat: claudia schmidt, detmold
umschlaggestaltung: petra theilfarth
satz: arnold & domnick, leipzig

titel der originalausgabe: made at home

copyright text, modelle und zeichnungen © 2010, lisa stickley
copyright © 2010 quadrille publishing ltd.
first published in germany in 2012 by frechverlag gmbh.
published in the united kingdom by quadrille publishing ltd.

© der deutschen ausgabe 2012 frechverlag gmbh,
70499 stuttgart

1. auflage 2012

isbn 978-3-7724-6757-8
best.-nr. 6757

printed in china

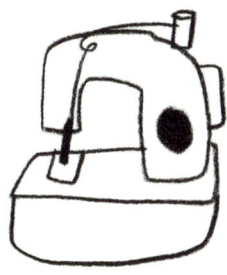

es hat vermutlich mit den legosteinen angefangen. aber soweit ich mich zurückerinnern kann, war ich immer mit zeichnen, malen und kreativem gestalten beschäftigt. ich backte feenkuchen mit zuckerguss, schnitt blumen aus papier aus und bastelte hölzerne bilderrahmen aus den holzabfällen aus papas schuppen. in unserem haus lag „reader's digest handbuch für die ganze familie" von 1970 herum und wurde viel benutzt.

eine zeitlang nähte meine mutter kleider für sich und mich, aber es war tante daphne, bei der ich die meiste zeit verbrachte. sie brachte mir früh das nähen und stricken bei. mit tante daphne machte ich an den samstagen ausgedehnte einkaufstouren, und wir kehrten mit cremetörtchen gestärkt zurück, um die nachmittage mit handarbeiten zu verbringen.

ich habe von beiden viel gelernt, von mama und von tantchen. als ich zehn war, bekam ich eine nähmaschine mit handkurbel, und dann, kurz vor meinen studium, kaufte ich mir eine elektrische. während meines textildesign-studiums hatte ich keine spezielle ausbildung für die schneiderei und schnittkonstruktion. aber meine leidenschaft für das kreative hat mich nie losgelassen, und so lernte ich, dass man auch mit einfachen

techniken gut vorankommt. wer zwei stofflagen aufeinandernähen kann, kann auch schöne und nützliche dinge herstellen.

wie beim kochen muss man auch hier mit „guten zutaten" arbeiten. hübsche gegenstände, mit einfachen techniken genäht, sehen absolut umwerfend aus, wenn sie mit erstklassigen stoffen gearbeitet sind. das bedeutet nicht, dass sie ein vermögen für üppige und teure stoffe ausgeben müssen. halten sie die augen offen und finden sie die wahren diamanten im erdreich. entdecken sie besonders schöne stoffe, die für ihr aktuelles projekt passen.

in diesem buch möchte ich meine leidenschaft für das dekorieren mit ihnen teilen. wenn sie nur einen funken kreativität besitzen, dann wird ihnen „selbst genähtes für zuhause" viele anregungen bieten und sie darin bestärken, eigenes herzustellen. wir sprechen hier nicht von der hohen kunst des nähens – von komplizierten und detailreichen, großartigen, teuren produkten. wir meinen die schönen dinge für sie selbst und ihre wohnung. dinge, die ihnen freude machen und ihre räume schmücken, die ihre persönliche note ausdrücken und von allen geschätzt werden, auch wenn sie vielleicht noch nicht so ganz perfekt geworden sind.

als ich die anleitungen für dieses buch schrieb (und das waren mehr als nur ein paar nächte, die ich mit tinte und schreibtischlampe verbrachte), habe ich mein bestes getan, mich so klar und verständlich wie möglich auszudrücken. es sind ganz unterschiedliche projekte, von ganz einfachen bis zu größeren herausforderungen. wie bei allen dingen im leben geht es auch hier um das „gewusst wie". nehmen sie sich also etwas zeit, schalten sie ihr radio ein, machen sie sich eine tasse tee und blättern sie durch das buch. dann fangen sie an! auch hier gilt: „übung macht den meister", und das wichtigste ist, dass sie freude dabei haben.

viel spaß beim nähen
wünscht

lisa.

grundlagen

stoffe und grundausrüstung.

für jedes projekt habe ich vor-
schläge für stoffart und stoff-
qualität gemacht. hier finden
sie einige bekannte stoffe, aus
denen sie auswählen können.
unterschiedliche stoffe führen
zu unterschiedlichen ergebnis-
sen, doch alles in allem kann
ich nur sagen: gute zutaten sind
der halbe erfolg.

stoffe

leinenbindung ist die am meisten verbreitete
webart bei stoffen – seien es nun taft, kammgarn
oder segeltuch – und wird u. a. bei baumwolle,
seide und wolle angewendet. es sind oft strapa-
zierfähige stoffe. die dicken qualitäten eignen sich
gut für polsterarbeiten, die mittleren für heimtextilien.

denim ist ein schwerer stoff, meist mit indigo
blau gefärbt, und allseits als jeansstoff bekannt.
er wird diagonal gewebt, ist extrem haltbar und
eignet sich gut für fußpolster und türstopper.

twill hat wie denim eine schräg verlaufende
webrichtung. es gibt ihn in baumwolle, wolle und
seide, dünn oder mittelschwer. beispiele dafür
sind drillich, chino-twill (hosenstoff), tweed und
köper. twill eignet sich für sehr viele projekte in
diesem buch. dünner bis mittlerer, schöner twill
in baumwolle, leinen oder seide eignet sich für
kissen und rollos.

segeltuch ist ein sehr schwerer stoff, der wie
denim extrem strapazierfähig ist. aus schönem
leinen wirkt es sehr gut bei schweren projekten,
die lange haltbar sein müssen.

satin ist glatt und glänzend gewebter stoff in
baumwolle oder seide. satin wird zwar mehr für
kleidung benutzt, aber ich habe hier das kissen
mit falten (seite 110–113) aus satin genäht, und
es sieht wundervoll aus. ich empfehle jedoch, erst
dann mit satin zu nähen, wenn sie ausreichend
übung haben, denn er ist nicht einfach zu verar-
beiten.

taft ist glattes gewebe, meist aus seide, und
wir unterscheiden zwei sorten: taft mit gewebe-
färbung und taft mit garnfärbung. ersterer ist
weicher und eignet sich für futterstoffe, letzterer
ist viel steifer und wird oft für hochzeitskleider
benutzt. dieser edle stoff ergibt wunderschöne
vorhänge und kissen.

nessel ist ungebleichte, glatt gewebte baumwolle
in leichter, mittlerer und schwerer ausführung.
manchmal ist die herstellung noch nicht ganz
abgeschlossen, doch gibt es ihn auch vorgewa-
schen zu kaufen. nessel wird in der modebranche
für vorläufige „nesselmodelle" benutzt. für sie ist
nessel der ideale übungsstoff, denn er ist preis-
günstig. außerdem eignet er sich auch für ein
haltbares futter.

fischgrät zeigt ein deutliches v-muster und wird
aus wolle für kleidung gewebt. er ist sehr haltbar
und eine gute wahl für viele heimtextilien.

damast gibt es in vielen mustern, die in den stoff
eingewebt, also nicht aufgedruckt sind. es gibt
damast aus seide, wolle, leinen, baumwolle oder
kunstfaser. er eignet sich für viele heimtextilien.

brokat wird ähnlich wie damast gewebt, doch
beim brokat ist das muster leicht erhaben und
wirkt wie stickerei. das ist luxus pur.

dupionseide ist eine seide mit sprödem griff und
edlem glanz. sie eignet sich wunderbar für kissen
und dünne vorhänge.

wildseide ist ein weicher seidenstoff in mittlerer
und schwerer qualität, der sich gut für viele heimtextilien eignet. hier habe ich die wintervorhänge
(seiten 80–85) daraus genäht, und sie sehen einfach klasse aus.

zubehör

die wichtigsten sachen sind auf der seite gegenüber abgebildet, doch gibt es noch mehr nütz-
liches, das sie greifbar halten sollten: papier im
a3- oder a2-format und zeitungspapier, schneiderkreide, gebogene nähnadeln (dünne gebogene
und polsterernadeln), klebestreifen, nahttrenner,
fadenschere, baumwollschrägband
(12 / 20 / 25 mm breit), polyestervlies

zackenschere

stickschere

nadel und faden

schneiderschere

bleistift

nähmaschine

stecknadeln

bügeleisen
und bügelbrett

sicherheitsnadel

maßband

reißverschluss

arbeitstisch

nähstiche.

auch wenn nicht alle diese nähstiche für alle projekte
benötigt werden, so ist es doch wichtig, dass sie sie
beherrschen. sie gehören zu den grundkenntnissen,
die sie immer wieder brauchen werden. blättern sie je
nach bedarf in diesem kapitel und benutzen sie den
jeweiligen stich für die einzelnen projekte, wie dort
beschrieben.

kleine rückstiche

beim handnähen müssen sie den nähfaden
am anfang und ende einer naht mit einem
kleinen rückstich sichern. das sieht schöner
aus, als wenn sie einen knoten im fadenende
machen. nähen sie einen kleinen stich und
ziehen sie den faden nicht ganz durch den
stoff. nähen sie dann noch einmal zwei- oder
dreimal darüber, um den faden zu fixieren.

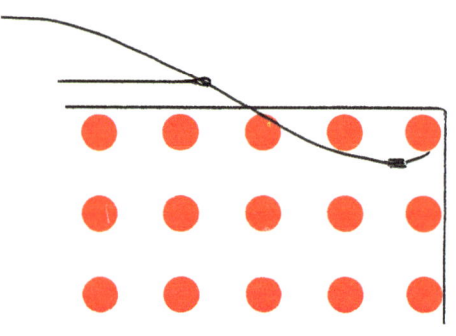

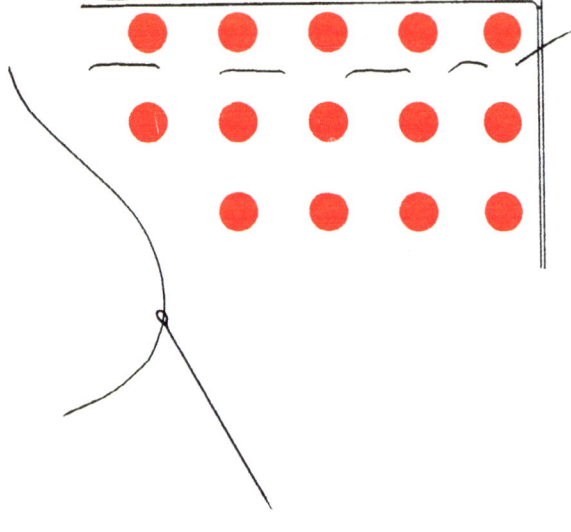

heftstiche

heftstiche halten zwei stoffe kurzzeitig zusammen. sie
sind ca. 1–2 cm lang und somit länger als der normale
vorstich. das heften ist eine alternative zu stecknadeln
und wird bei einigen der projekte angewendet. der
heftfaden wird entfernt, sobald die stoffe mit der nähmaschine genäht wurden (es ist hilfreich, wenn sich der
heftfaden farblich vom stoff abhebt, dann sehen sie ihn
besser). dieser stich ist besonders nützlich bei größeren
projekten wie wintervorhängen oder bettüberwürfen. um
zwei oder drei stofflagen aufeinanderzuheften, fädeln
sie einen etwa 50 cm langen faden ein. beginnen sie mit
einem kleinen rückstich und arbeiten sie von rechts nach
links. schieben sie die nadel gerade unter dem stoff
nach vorn und mit der gleichen bewegung wieder zurück
zur oberfläche. wiederholen sie diese stiche entlang der
stoffkante. arbeiten sie ca. 1 cm lange stiche etwa 3 mm
neben der geplanten nählinie. ziehen sie die stiche nicht
zu fest an, denn sie werden entfernt, sobald die richtige
naht genäht ist. sichern sie den faden am schluss wieder
mit einem kleinen rückstich.

blindstich

mit blindstichen werden säume sowie die seitennähte von vorhängen und anderen projekten genäht, bei denen ein auf der vorderseite möglichst unsichtbarer stich gewünscht ist. eine sehr spitze nadel eignet sich dafür am besten. nachdem die stoffkante umgeschlagen und gebügelt wurde, halten sie den stoff so, dass die linke seite oben liegt und der saum entlang der oberkante verläuft. beginnen sie mit einem rückstich in die umgeschlagene kante. arbeiten sie von rechts nach links und halten sie die abstände zwischen den stichen so gleichmäßig wie möglich. schieben sie die nadel innerhalb der umgeschlagenen kante nach vorn und nehmen sie dann vorsichtig einen oder zwei gewebefäden des hauptstoffs auf die nadelspitze. auf der vorderseite der arbeit soll der stich nur als punkt sichtbar sein. wenn dann die nadel wieder auf der linken stoffoberseite auftaucht, schieben sie sie ca. 5 mm in der saumkante entlang nach vorn. wiederholen sie dies am ganzen saum entlang und enden sie mit einem kleinen rückstich.

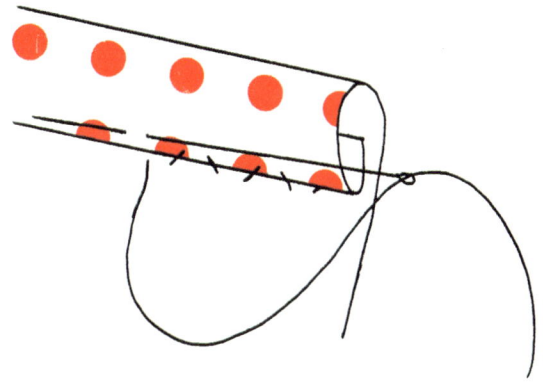

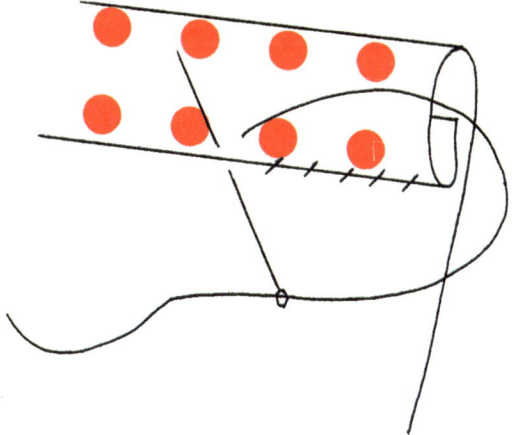

saumstich

der saumstich hat die gleiche aufgabe wie der blindstich und soll ebenfalls auf der rechten stoffseite möglichst unsichtbar sein. auch hier nehmen sie nur einen oder zwei gewebefäden auf der linken stoffseite auf die nadel. arbeiten sie kleine diagonale stiche in gleichmäßigen abständen, und sichern sie anfang und ende der naht mit einem kleinen rückstich.

reihstich

der reihstich ist, wie sein name sagt, zum einreihen von stoff geeignet, wann immer ein projekt dies verlangt, z. b. um die kurve eines volants oder beim einnähen eines ärmels in eine schulteröffnung. zwei parallel laufende reihen von reihstichen sind stabiler und werden in 3 mm abstand genäht, entweder auf der rechten oder auf der linken stoffseite. beginnen sie mit einem rückstich, um den faden zu sichern. dann schieben sie die nadel mehrmals in den stoff und wieder zur oberfläche. jeder stich soll 3 mm lang sein. arbeiten sie so an der ganzen stoffkante entlang. wiederholen sie dies, wenn nötig, mit einer parallel verlaufenden zweiten naht. die stiche der zweiten naht müssen mit den stichen der ersten parallel exakt übereinstimmen. schieben sie den stoff am faden entlang zusammen und sichern sie die fadenenden kurzzeitig, indem sie sie um eine stecknadel wickeln.

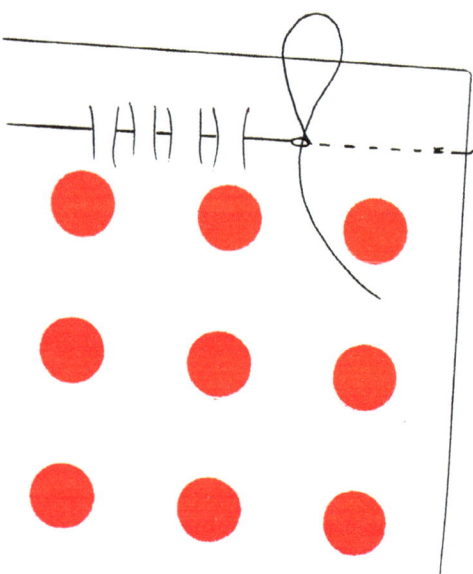 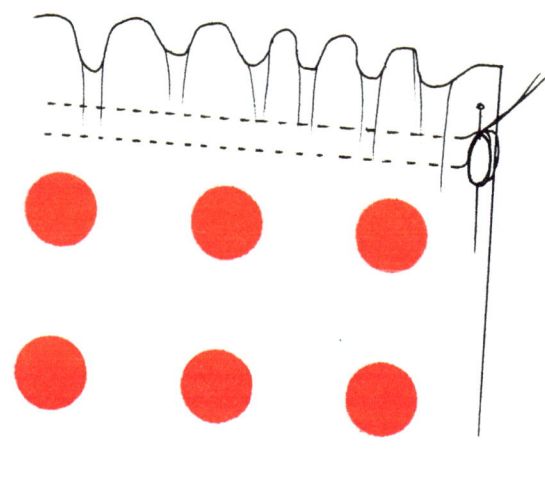

rückstich

dies ist das handgenähte äquivalent zum maschinenstich und sehr stabil, weshalb er zum einnähen von reißverschlüssen oder bei sehr vielen stofflagen, die für die maschine zu dick wären, angewendet wird. beginnen sie mit einem kleinen rückstich, um den fadenanfang zu sichern. machen sie den ersten stich nach unten und schieben sie die nadel unter dem stoff ca. 5 mm nach vorn und wieder nach oben. ziehen sie den faden nach. gehen sie 2,5 mm zurück und schieben sie die nadel erneut 5 mm weit nach vorn. gehen sie wieder 2,5 mm zurück. so füllen sie die erste lücke und bilden den zweiten stich. ziel ist es, eine fortlaufende linie von dichten stichen auf beiden stoffseiten zu erhalten.

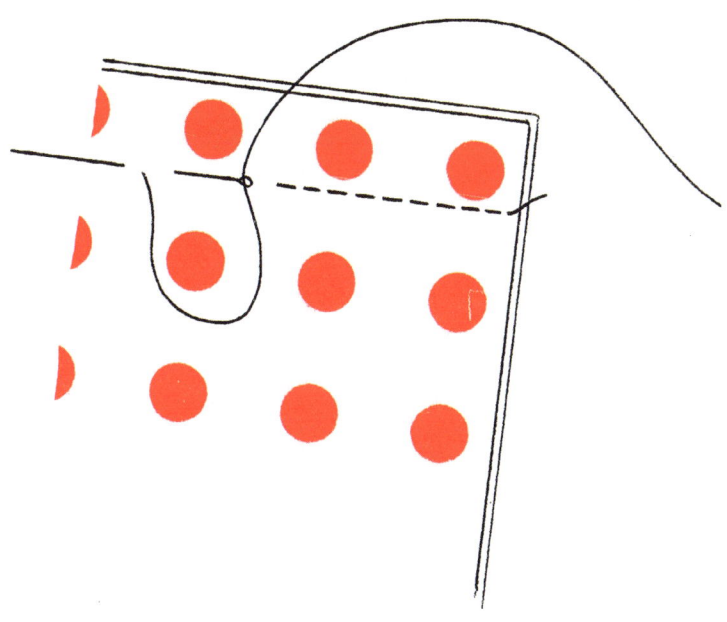

festonstich

dieser stich befestigt zwei stofflagen aufeinander und bildet gleichzeitig eine dekorative kante. beginnen sie mit einem kleinen rückstich, um den faden zu sichern. stechen sie die nadel von oben nach unten durch den stoff, ca. 6 mm unterhalb der stoffkante. legen sie den faden unter die nadelspitze und ziehen sie den faden durch, um eine schlinge zu formen. ziehen sie den faden etwas fest, aber nicht zu sehr, sodass sich die schlinge auf die stoffkante legt. fahren sie so fort und halten sie die stiche so gleichmäßig wie möglich, damit sich eine schöne kante bildet. sichern sie das fadenende wieder mit einem kleinen rückstich.

nähte.

hier sind einige gebräuchliche nahtsorten
gezeigt, die für den anfang genügen.

einfache naht

mit dieser naht werden zwei stoffteile
mit einer einzelnen nählinie zusammen-
gehalten, die ausreichend abstand zur
stoffkante haben muss. meist ist eine
nahtzugabenbreite von 1 bis 1,5 cm
angegeben. legen sie die stoffe rechts auf
rechts. stecken oder heften sie auf der
geplanten nählinie und nähen sie dann mit
der nähmaschine dort entlang. beginnen
und beenden sie die naht mit rückstichen.
bügeln sie die nahtzugaben auseinander. gesteppte naht: wenn sie die naht
zusätzlich befestigen möchten, bügeln
sie beide nahtzugaben zu einer seite und
steppen sie von der rechten seite her im
abstand von 3 mm neben der naht über
alle stofflagen.

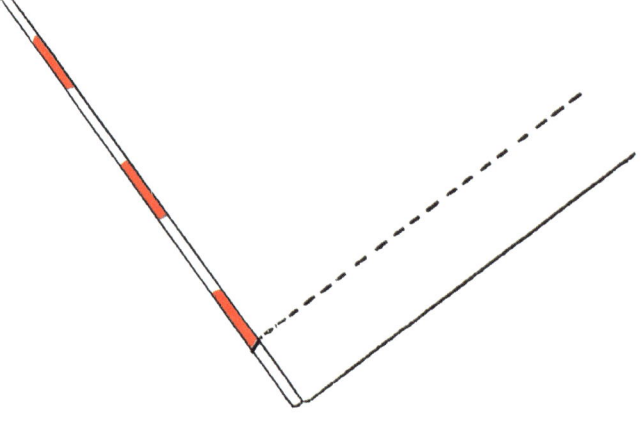

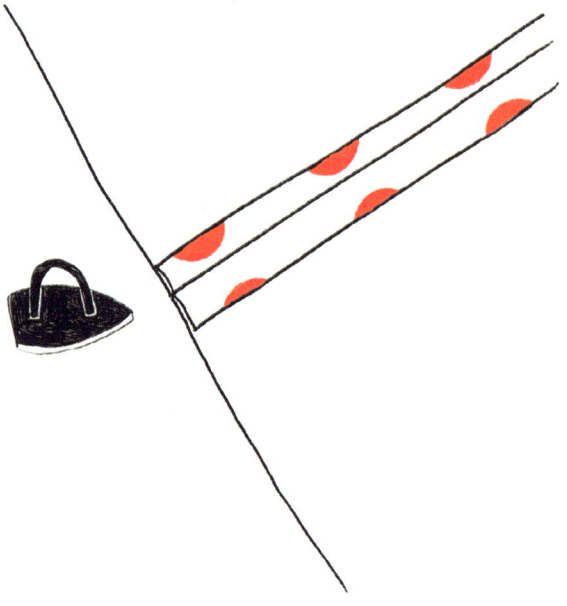

französische naht

diese naht wird in der regel bei feinen stoffen angewendet, die leicht fransen, wie z. b. tüll oder ungefütterte vorhänge. auch bei blusen, röcken oder anderen feineren kleidungsstücken wird sie benutzt. die naht soll die offene stoffkante komplett umschließen und eignet sich daher nicht für schwere stoffe. stecken sie die stoffe links auf links und nähen sie eine 6 mm breite naht. schneiden sie evtl. fransen ab und bügeln sie dann die naht rechts auf rechts aufeinander. stecken und nähen sie eine zweite naht, diesmal 12 mm breit, welche die offenen stoffkanten umschließt.

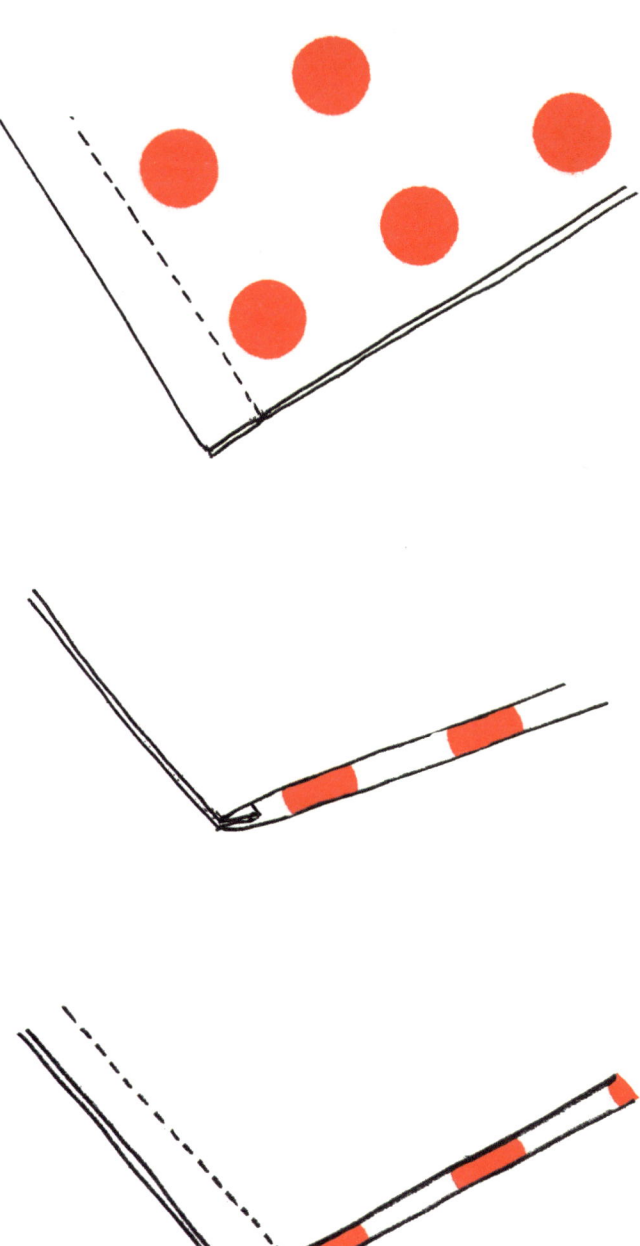

ecken und kurven.

nähen sie ohne probleme mit einigen
tricks um ecken und kurven.

gewendete ecken

wenn sie eine ecke nähen,
die gewendet werden
soll, schneiden sie zuerst
die ecke der nahtzugabe
diagonal ab. dies führt zu
einem sauberen ergebnis,
z.b. bei viereckigen kissen,
tischsets und wäschebeu-
teln.

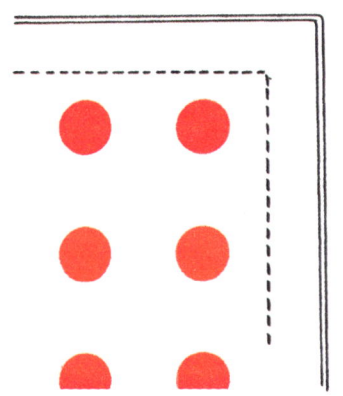

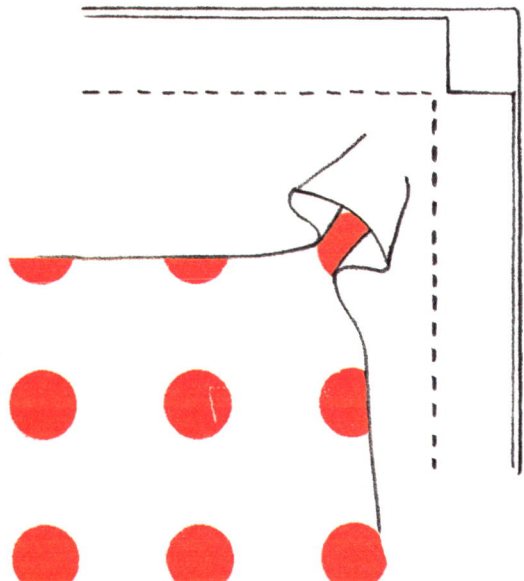

ecken von kastenformen

hier ist eine nützliche technik, wenn sie
kastenkissen für den außenbereich oder
ähnliches nähen möchten. bevor sie die
ecke erreichen, schneiden sie sie im
rechten winkel zu den nähten ein. nähen
sie dann bis zur ecke und verstärken sie
die naht mit einigen rückstichen, die sie
diagonal über die ecke setzen. nähen sie
dann an der anderen kante entlang und
wiederholen sie dies an allen ecken.

kurvenkanten einschneiden

kurven einzuschneiden bedeutet, dass sie kleine regelmäßige einschnitte in die nahtzugaben machen. dies ergibt beim wenden glatte ecken und kurven. durch die einschnitte liegen die nähte flacher und sind stabiler.

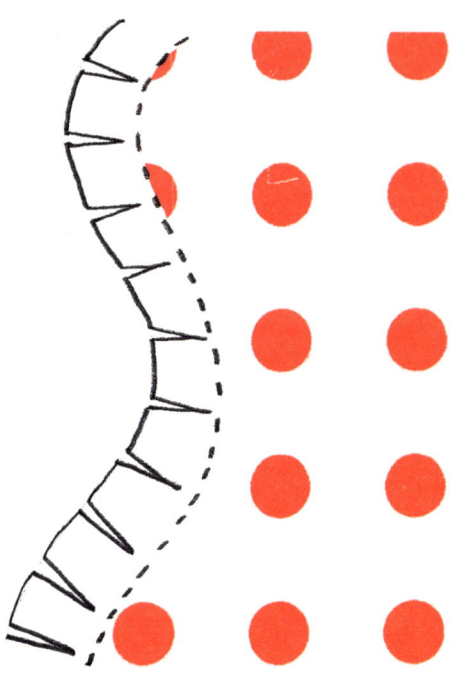

abschlüsse.

einige grundkenntnisse über schöne abschlüsse sind für ein attraktives aussehen des projekts erforderlich.

einfassung mit schrägstreifen

falten sie die seitenkanten des schrägstreifens 1 cm weit nach innen und bügeln
sie. falten sie jetzt den streifen mittig der
länge nach und legen sie ihn über die
offene kante des stoffes. stecken sie ihn
fest. nähen sie so knapp wie möglich an
der umgeschlagenen kante entlang und
versuchen sie, gleichzeitig die untere kante des schrägstreifens mit festzunähen.
schlagen sie die enden sorgfältig ein und
setzen sie rückstiche an anfang und ende,
um die naht zu sichern.

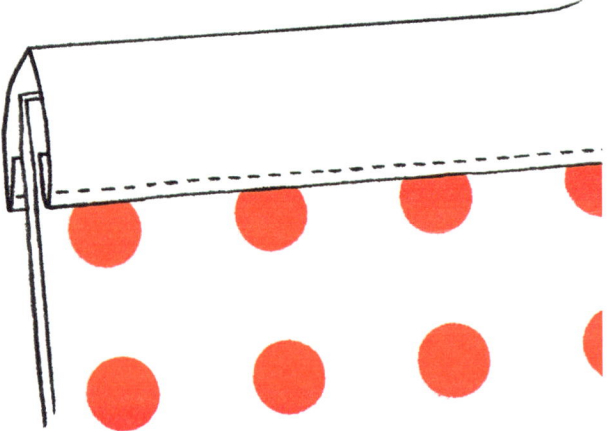

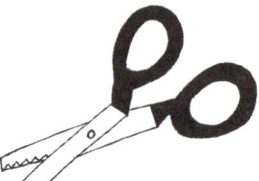

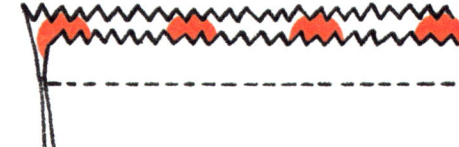

zackenkante

eine stoffkante franst nicht
mehr aus, sobald sie mit
einer zackenschere daran
entlangschneiden.

kederstreifen

im kurzwarenhandel gibt es die verschiedensten keder zu kaufen, doch können sie
aus einem stoffstreifen und einer kordel auch
selbst einen keder herstellen. legen sie dafür
den streifen der länge nach um die kordel
und nähen sie so dicht wie möglich an der
kordel entlang, die stoffkanten liegen aufeinander. um einen keder an einem kissen
zu befestigen, nähen sie ihn zuerst an einer
kissenhälfte fest und setzen sie dafür den
reißverschlussfuß ihrer maschine ein. bei
eckigen kissen ist es ratsam, die ecken ein
wenig abzurunden, damit der keder flach am
stoff liegt. als sauberen abschluss ist es gut,
die kordel abzuschneiden, sodass die enden
aneinanderstoßen (nicht den stoffstreifen
abschneiden!). schlagen sie die enden des
stoffstreifens unter. nun erst legen sie die
andere kissenhälfte rechts auf rechts darüber
und nähen alle lagen rundum aufeinander
(lassen sie den reißverschluss jedoch halb
offen, damit sie das fertige kissen auf rechts
wenden können – das wird gerne vergessen!
mir ist das einige male passiert).

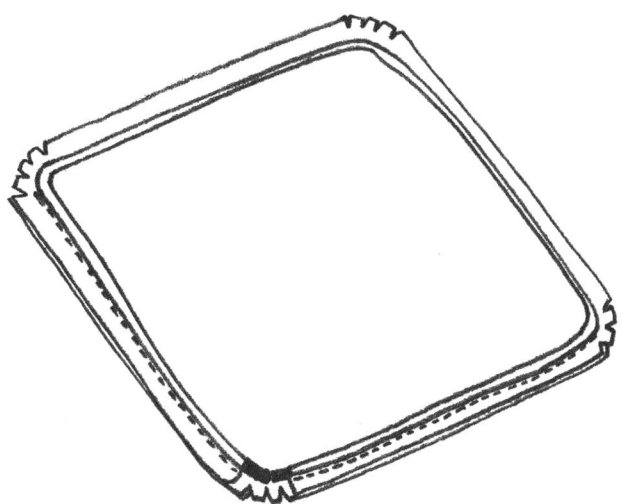

reißverschluss einsetzen.

es sieht vielleicht etwas schwierig aus, braucht
aber nur etwas übung. hier kommt der tipp. sie
werden sehen, es ist sogar recht einfach, wenn
sie erst wissen, wie.

das ende eines reißverschlusses können sie mit einem
stoffstück abschließen. schneiden sie einen stoff
3 x 4 cm groß zu. legen sie den stoff rechts auf rechts
auf das untere ende des reißverschlusses und nähen sie
mit 1 cm nahtzugabe darüber. falten sie den stoff um das
ende des reißverschlusses herum und schlagen sie auf
der unterseite 1 cm naht um. falten sie die seitenkanten
des stoffes nach innen. nähen sie knapp rechts der zuvor
genähten naht entlang, um den stoff zu befestigen.

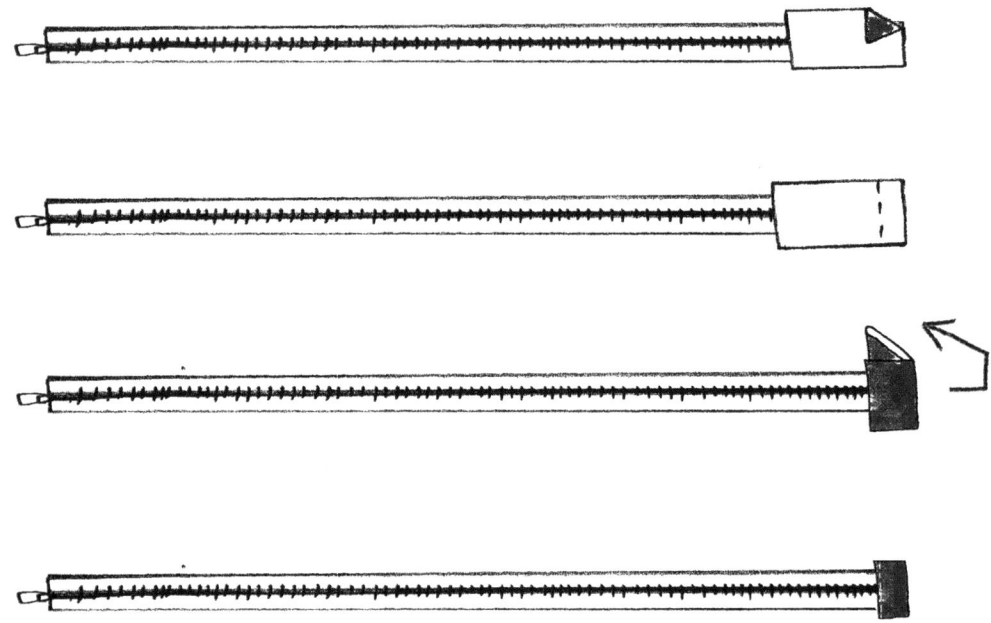

bereiten sie die beiden stoffstücke vor, zwischen die der reißverschluss genäht werden soll, indem sie einen 1 cm breiten saum an den kanten umbügeln. setzen sie den reißverschlussfuß in ihre näh-maschine ein. beginnen sie mit einem der stoffstücke und legen sie die gebügelte kante genau entlang der zähne des reiß-verschlusses. ich halte es für einfacher, nicht mit stecknadeln zu stecken, den reißverschluss jedoch ein wenig zu öffnen. je nachdem, was für einen reißverschluss-fuß ihre maschine besitzt, ist es einfacher, den stoff so unter die maschine zu legen, dass der stoff links vom reißverschluss liegt. nähen sie den reißverschluss ein und machen sie an anfang und ende jeweils einige rückstiche. dann drehen sie die arbeit. wiederholen sie dies auf der ande-ren seite des verschlusses und nähen sie das zweite stoffstück an. achten sie darauf, dass die gebügelten kanten und die enden des reißverschlusses genau aneinanderstoßen. etwas übung ist immer gut, probieren sie das einnähen zuerst an einem stoffrest und einem alten reißver-schluss.

knopflöcher.

diese erfordern eine technik, die sie beherrschen sollten. der trick bei handgenähten knopflöchern ist, nicht die geduld zu verlieren und den faden nicht zu stark anzuziehen. sie brauchen regelmäßige feste, saubere stiche.

handgenähtes knopfloch

zuerst benötigen sie einen schlitz im stoff, genau dort, wo das knopfloch liegen soll. der schlitz muss so lang sein wie der durchmesser des knopfes, den sie benutzen möchten. außerdem brauchen sie einen festen faden, mit dem sie die kanten umstechen. im idealfall hat der faden die gleiche farbe wie der stoff. der knopflochstich wird wie der festonstich genäht, nur dass hier die stiche dicht an dicht liegen. sichern sie den fadenanfang und schieben sie die nadel von unten nach oben durch den stoff, wieder ca. 6 mm von der kante entfernt (dies kann aber je nach stärke des stoffes unterschiedlich sein). bevor sie den faden straff ziehen, legen sie ihn in einer schlaufe um die nadelspitze, sodass sich auf der stoffkante ein knoten bildet. wiederholen sie dies um das ganze knopfloch herum und arbeiten sie ein festes, sauberes und dicht genähtes knopfloch. sichern sie die enden des knopflochs mit einigen quer gespannten fäden, die sie ebenfalls mit knopflochstich umnähen.

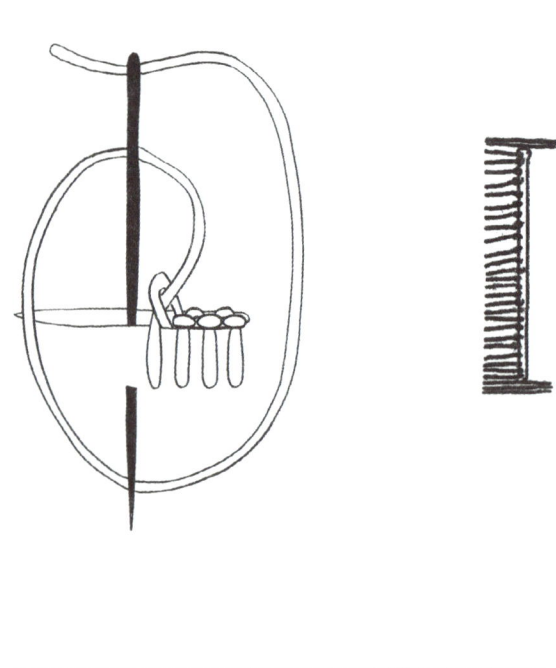

maschinengenähtes knopfloch

hierfür benötigen sie einen speziellen knopflochfuß. wenn ihre maschine einen solchen besitzt, sind auch die anleitungen mitgeliefert. da diese füße jedoch von einem maschinentyp zum anderen unterschiedlich sind, kann ich hier die technik nur schwer erklären. wie beim handnähen wird das knopfloch auf die größe des knopfes ausgerichtet, nur dass sie mit der nähmaschine zuerst das knopfloch nähen und dann erst den stoff einschneiden.

quilten.

das quilten zählt zu den ältesten handarbeits-
techniken und dient dazu, zwei stofflagen und
eine dazwischengelegte, wärmende wattierung
aufeinander zu befestigen.

dies ist eine technik, die zusammen mit
patchwork schon seit jahrhunderten prak-
tiziert wird. handwerklich hochwertige
quilts mit den wunderbarsten mustern
werden sogar in museen und galerien
ausgestellt. viele frauen (und sicher auch
männer) nähen atemberaubende und oft
auch komplizierte kunstwerke, die nur mit
geduld und leidenschaft entstehen können.

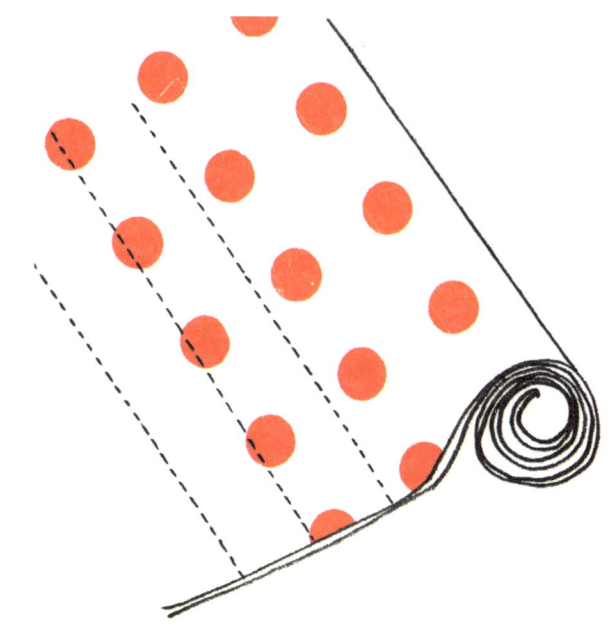

einfache quilttechniken, wie sie z. b. auf
den seiten 114–117 beschrieben sind,
können auf ganz reizenden projekten
angewendet werden. wenn die stoffe
gut ausgewählt, elegant und schön sind,
wird ein quilt auch mit wenig aufwand
ein prachtstück werden, auf das sie stolz
sein können. sollte die stoffmenge zu groß
sein, um sie noch unter dem arm der nähmaschine hindurchzuschieben, können
sie die drei lagen stoff/wattierung/stoff
von hand quilten. eine kleine decke mit
einem einfachen gittermuster können sie
noch gut auf der maschine quilten, wenn
sie die stoffmenge geschickt einrollen.
nachdem sie die drei lagen aufeinander-
geheftet haben, rollen sie den quilt bis
zur mitte ein. nähen sie die ersten reihen
des gitters und arbeiten sie von der mitte
des quilts zu den außenkanten hin. wenn
sie den rand erreicht haben, rollen sie die
gegenüberliegende seite ein und nähen
wieder von der mitte nach außen. drehen
sie die decke um 90° und wiederholen sie
den prozess in der anderen richtung, bis
das ganze gitter genäht ist.

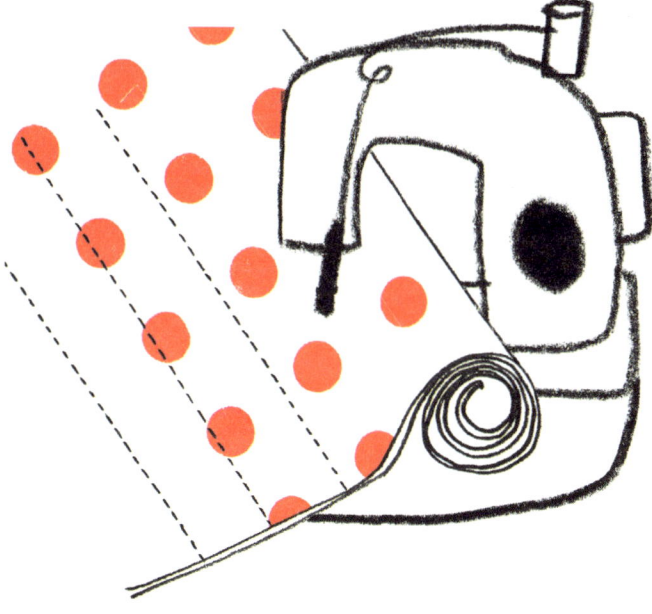

für die küche

servietten.

sie brauchen

pro serviette: mittelstarken baumwoll- oder leinenstoff, ca. 50 x 50 cm für eine normal große serviette.

dies ist nur ein vorschlag. mit der gleichen methode können sie genauso einfach rechteckige servietten nähen (z. b. 60 x 40 cm) oder eine serviette für den nachmittagstee (z. b. 30 x 30 cm) und eine ganze menge andere vergleichbare dinge.

servietten können in den verschiedensten größen und aus vielen unterschiedlichen stoffen in baumwolle oder leinen genäht werden. für mich gehören sie zu jedem essen dazu, denn ich fühle mich ohne serviette verloren. sie sind ganz einfach zu nähen und können in stil und farbe einem gedeckten teetisch hinreißend angepasst werden. ich liebe das kontrastreiche dekorieren, und deshalb lege ich zu meiner reichhaltigen kollektion von antiken tellern möglichst auffallende und „unpassende" leinenstoffe. für ein etwas formelleres sonntagsmahl wähle ich ähnliche servietten wie hier abgebildet.

die serviette säumen.

falten sie an allen kanten einen 1 cm breiten saum zur linken stoffseite um und bügeln sie ihn. falten sie den saum rundum noch einmal 1 cm weit um, sodass die offene stoffkante verborgen ist. verziehen sie den stoff nicht und formen sie saubere ecken. stecken sie den saum fest und nähen sie so knapp wie möglich an der innenkante des saums entlang. setzen sie rückstiche an anfang und ende, um die naht zu sichern.

ein knopfloch nähen.

bei einer besonders noblen serviette darf das knopfloch in einer ecke nicht fehlen. das sah ich zuerst an einer serviette bei british airways im jahr 1969. und es ist eine prima idee, vor allem, wenn sie eine weiße bluse tragen und spaghetti essen müssen. das knopfloch muss so groß sein, dass es über einen blusenknopf passt (etwa 15 mm). die serviette kann damit ordentlich am obersten knopf befestigt werden und bietet gegen rote saucenspritzer ein maximum an sicherheit. ein knopfloch nähen siehe seite 24.

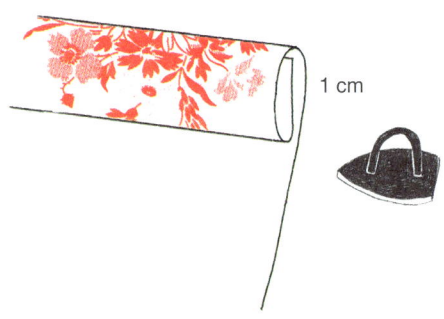

1 cm

tischsets.

ob für ein intimes dinner
zu zweit oder zum sonn-
tagsmahl mit der großen
familie – dafür decke ich
sehr gerne den tisch. neben
servietten, platztellern,
wasser- und weingläsern,
messer, gabel, löffel, salz
und pfefferstreuer, anti-
ken kerzenständern und
schönen blumen sind auch
die tischsets ein wichtiges
detail jeder tischdekoration.
sets markieren das terrain
jedes gastes und sind ein
guter anfang, um alle wei-
teren gegenstände darum
herum zu verteilen. außerdem schützen sie ihre kost-
bare tischoberfläche.

die sets nähen.

legen sie vorder- und rückseite rechts auf rechts. stecken
sie drei der außenkanten mit stecknadeln zusammen. bei
der vierten außenkante stecken sie von jeder ecke 6 cm
weit zu. sie erhalten so eine wendeöffnung, durch die
das set später auf rechts gewendet werden kann. nähen
sie entlang der gesteckten kanten mit 1 cm nahtzugabe
und setzen sie rückstiche an anfang und ende der naht.
schneiden sie die ecken der nahtzugaben ab (siehe seite
18) und wenden sie das set auf rechts.

die wendeöffnung schließen.

bügeln sie sorgfältig die genähten kanten. bei der noch
offenen seite falten sie die stoffkanten nach innen und
bügeln sie, sodass sie genau wie die genähten kanten
aussehen. nähen sie die öffnung knappkantig zu, damit
auch hier die kante schön aussieht. setzen sie rückstiche
an anfang und ende, um die naht zu sichern.

guten appetit!

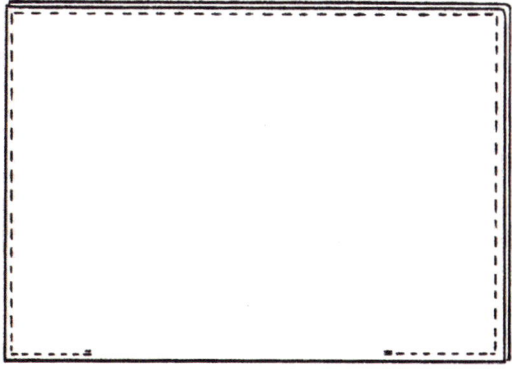

tischläufer.

sie brauchen

1 mittelschweren baumwollstoff oder leinen, ca. 34 cm breit und so lang wie der tisch plus 84 cm.

ein tischläufer passt gut zu einem schön gedeckten tisch und macht eine große tischdecke unnötig. in kombination mit tischsets, servietten, verschiedenem porzellan und gläsern verleiht der tischläufer dem ganzen ein mondänes flair. die fertige größe eines läufers hängt natürlich von der größe des tisches ab, aber 30 cm breite passen immer, und die seiten sollten ca. 40 cm über die tischkante hängen.

den tischläufer säumen.

falten sie an allen kanten einen 1 cm breiten saum zur linken stoffseite um und bügeln sie ihn. wiederholen sie dies ein zweites mal, sodass die offenen stoffkanten verborgen sind. stecken sie den saum fest. nähen sie an allen kanten so knapp wie möglich an der gefalteten innenkante des saums entlang. setzen sie rückstiche an anfang und ende, um die naht zu sichern.

teekannenwärmer.

sie brauchen

1 blatt papier oder zeitungspapier, größe a3 oder größer.

2 halbkreise aus mittelfestem baumwollstoff für die außenseite (ich habe damast gewählt).

2 halbkreise aus leichtem baumwollstoff für das futter.

1 rechteck von ungefähr 4 x 10 cm für die schlaufe.

2 halbkreise aus mitteldickem polyestervlies für die isolierung.

tee, kuchen und ein bisschen herbie hancock im radio sind alles, was ich zur teestunde brauche. dies ist ein nettes, einfach zu nähendes projekt. sie können sicher sein, dass ihr tee noch lange heiß ist, auch wenn der kuchen schon verspeist ist.

die teile zuschneiden.

damit der wärmer wirklich über ihre teekanne passt, legen sie sie seitlich auf ein großes stück papier. zeichnen sie einen halbkreis um die kanne und geben sie an allen seiten 5 cm dazu. dies ist der schnitt für die außen- und die innenseite. um einen ordentlichen halbkreis zu schneiden, falten sie das papier der länge nach zur mitte und schneiden sie entlang der am besten gelungenen linie. mithilfe dieser vorlage schneiden sie zwei außenseiten und zwei futterseiten aus. schneiden sie das vlies rundum 4 cm kleiner zu als die schablone.

die schlaufe nähen.

falten sie beide längskanten des stoffstreifens je 1 cm zur linken seite um und
bügeln sie. dann falten sie den streifen
mittig der länge nach, sodass die beiden
umgeschlagenen kanten aufeinanderliegen. bügeln sie darüber und stecken sie
die stoffe aufeinander fest. nähen sie an
der offenen seite so knapp wie möglich
entlang. setzen sie rückstiche an anfang
und ende der naht. nähen sie auch an der
gegenüberliegenden seite knappkantig
entlang.

die außenseite nähen.

legen sie die beiden außenseiten rechts auf rechts. falten sie die vorbereitete schlaufe quer zusammen und
legen sie sie in der oberen mitte des wärmers zwischen
die beiden stoffe, die offenen enden weisen nach oben.
stecken sie sie fest. stecken sie die beiden außenseiten
an der geschwungenen kante aufeinander. nähen sie sie
mit 5 mm Abstand zur kante zusammen und fassen sie
dabei auch die schlaufe mit. falten sie an der unterkante
rundum einen 1 cm breiten saum nach außen (also zur
linken stoffseite) und bügeln sie ihn, aber nähen sie ihn
jetzt noch nicht fest. wenden sie den teekannenwärmer
auf rechts.

das futter nähen.

legen sie die beiden futterteile rechts auf rechts. stecken sie sie an der geschwungenen kante aufeinander und nähen sie sie mit 5 mm Abstand zur kante zusammen. bügeln sie sie. falten sie rundum einen 2 cm breiten saum nach außen (also zur linken stoffseite) und bügeln sie diesen, aber nähen sie ihn jetzt noch nicht fest.

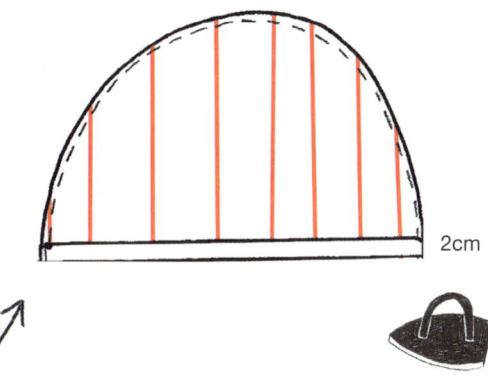

2cm

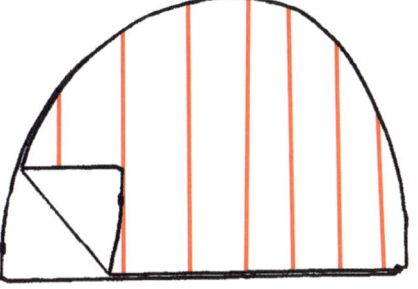

den teekannenwärmer fertigstellen.

schieben sie das futter links auf links in die außenhülle. schieben sie an jeder seite ein stück vlies zwischen die schichten und streichen sie alles glatt. stecken sie die unterkante der außenhülle an die des futters, sodass die umgebügelten kanten direkt aufeinanderliegen. schieben sie evtl. vorstehendes vlies nach innen. nähen sie die stoffe an der unterkante aufeinander. nähen sie dabei so knapp wie möglich an der außenkante entlang.

nun setzen sie das teewasser auf. ich empfehle ein großzügiges stück bisquitkuchen.

eierwärmer.

sie brauchen

1 blatt kariertes papier mit 5 mm-
kästchen (wenn sie kein karo-
papier finden, können sie auch
mit bleistift ein kästchengitter auf
weißes papier zeichnen).

1 quadrat mittelfesten baumwollstoff für die außenseite,
30 x 30 cm sind reichlich.

1 quadrat mittelfesten baumwollstoff für das futter, 30 x 30 cm
sind reichlich.

1 rechteck aus baumwollstoff für
die schlaufe, ca. 4 x 8 cm.

2 halbkreise aus polyestervlies für
die wattierung, 30 x 30 cm sind
reichlich.

fröhliches frühstücksradio
aus meinem lieblingssen-
der, eine auswahl an zeitun-
gen, zwei weich gekochte
eier und knusprige toast-
streifen zum eintunken sind
die zutaten für mein per-
fektes sonntagsfrühstück.
hier bleiben die eier schön
warm, während sie den
kaffee zubereiten.

die stoffteile zuschneiden.
verwenden sie die schablone von seite 138 und stellen sie
einen papierschnitt für außenseite und futter her. schneiden
sie je zwei stoffe für die außenseite und futterteile zu. schneiden sie das vlies rundum 4 cm kleiner zu als die schablone.

eine schlaufe nähen.
falten sie an beiden längskanten des stoffstreifens je 1 cm
zur linken seite um und bügeln sie diese. dann falten sie
den streifen mittig der länge nach, sodass die beiden
umgeschlagenen kanten aufeinanderliegen. bügeln sie
darüber und stecken sie die stoffe aufeinander fest. nähen
sie an beiden Seiten so knappkantig wie möglich entlang.
setzen sie rückstiche an anfang und ende der naht.

die außenseite nähen.
legen sie die beiden außenseiten rechts auf rechts. falten
sie die vorbereitete schlaufe quer zusammen und stecken
sie sie auf die obere mitte des eierwärmers zwischen die
beiden stoffe, die offenen enden weisen nach oben. stecken sie die beiden außenseiten an den geschwungenen
kanten aufeinander. nähen sie sie im abstand von 5 mm zur
kante zusammen und fassen sie dabei auch die schlaufe
mit. setzen sie rückstiche an anfang und ende, um die naht
zu sichern. falten sie rundum einen 1 cm breiten saum nach
außen (also zur linken stoffseite) und bügeln sie ihn.
wenden sie die außenseite auf rechts.

das futter nähen.
legen sie die beiden futterteile rechts auf rechts. stecken sie
die geschwungenen kanten aufeinander und nähen sie sie
mit einer 5 mm breiten naht zusammen. setzen sie rückstiche an anfang und ende, um die naht zu sichern. bügeln sie
sie. falten sie rundum einen 1 cm breiten saum nach außen
(also zur linken stoffseite) und bügeln sie ihn.

den eierwärmer fertigstellen.
schieben sie das futter links auf links in die außenhülle.
schieben sie an jeder seite ein stück vlies zwischen die
schichten. stecken sie die unterkante der außenhülle an die
des futters, sodass die umgebügelten kanten direkt aufeinanderliegen. nähen sie die beiden stoffe an der unterkante
aufeinander. setzen sie rückstiche an anfang und ende der
naht und nähen sie so knapp wie möglich an der unterkante
entlang. dies kann etwas kniffelig sein, doch mit geduld und
übung nähen sie bald eierwärmer in serie.

toaster einschalten und knusprige streifen schneiden!

schürze.

festen nesselstoff, nach vorlage zugeschnitten (schnitt siehe seite 139).

4 m schrägstreifen in kontrastfarbe (2,5 cm breit).

2 feste gewebte bänder für die taille, jeweils 120 cm lang.

2 feste gewebte bänder für den nacken, jeweils 65 cm lang.

schützen sie ihre gute bluse beim backen, kneten, rühren, braten und bei anderen küchenarbeiten auf zeitgemäße art. die schürze mit den bindebändern am hals und an den seiten passt für alle größen und ist auch noch einfach zu nähen.

die schrägstreifen annähen.

beginnen sie an einer geraden kante und stecken sie den schrägstreifen rund um die außenkante des schürzenteils. falten sie zu beginn die offene kante des streifens 1 cm weit nach innen. dann nähen sie. an den ecken schneiden sie den schrägstreifen mit 1 cm überstand ab und schlagen sie das ende unter. nähen sie den schrägstreifen rundum fest und achten sie darauf, beim durchnähen sowohl die obere als auch die untere kante zu fassen (siehe auch seite 20). setzen sie rückstiche an anfang und ende, um die naht zu sichern.

die bindebänder annähen.

falten sie an jedem ende der bänder einen 1 cm breiten, zweimal umgeschlagenen saum um. nähen sie an den enden entlang, damit sie nicht ausfransen. legen sie je ein band auf die linke seite der schürze an die ecken der oberkante und die ecken der seitenkanten und stecken sie sie dort 5 cm innerhalb des schürzenstoffes fest. nähen sie die bänder an. damit sie besonders gut halten, nähen sie ein rechteck und dann zweimal diagonal kreuzförmig durch die mitte des rechtecks.

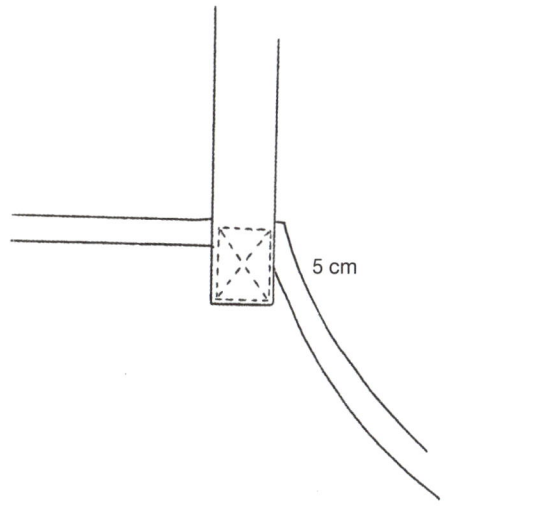

5 cm

halbschürze.

sie brauchen

1 rechteck aus dünnerem baumwollstoff oder leinen, ungefähr 54 x 62 cm groß.

1 streifen kontrastfarbenen baumwollstoff von ungefähr 8 x 150 cm für das bund- und bindeband.

schützen sie ihre untere hälfte, wann immer leichte küchenarbeit angesagt ist oder wenn sie viel staub wischen müssen. diese halbschürze ist die perfekte ergänzung für jede küche.

die halbschürze säumen.

falten sie an den seiten und der unterkante einen 1 cm breiten saum zur linken stoffseite um und bügeln sie ihn. dann falten sie den saum noch einmal 1 cm breit nach innen, damit die offenen stoffkanten verborgen sind. stecken sie den saum fest. nähen sie an den drei seiten so knapp wie möglich an der innenkante des saums entlang. setzen sie rückstiche an anfang und ende der naht. falten sie den stoff der länge nach zur hälfte und markieren sie die gefundene mitte an der oberkante mit einer stecknadel.

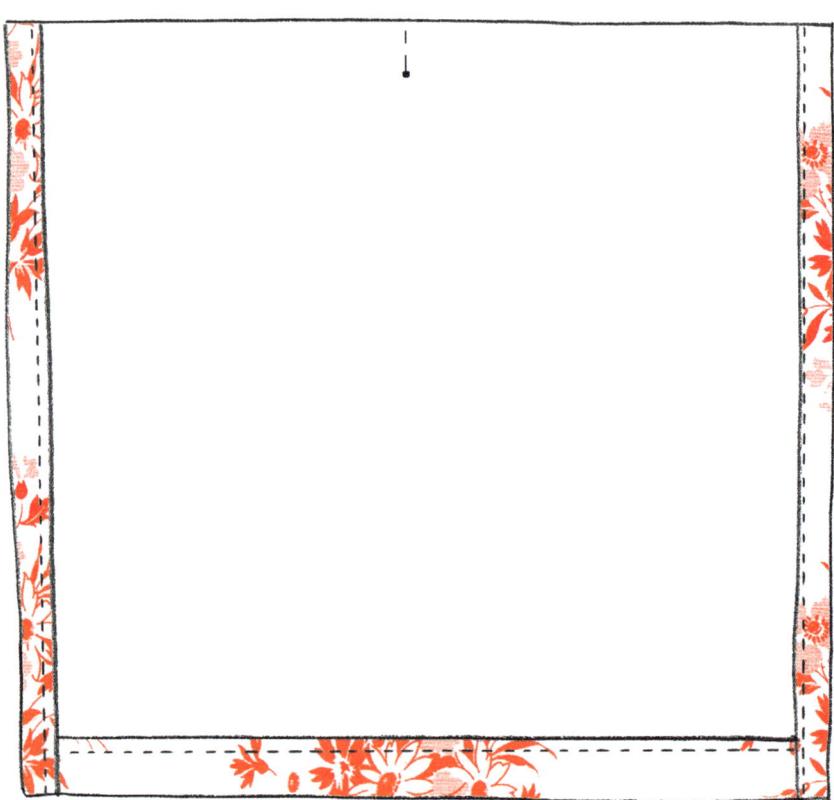

das bundband herstellen.

falten sie an den langen seiten je 1 cm
nach links und bügeln sie. dann falten sie
den streifen der länge nach mittig links
auf links, die umgebügelten kanten liegen
aufeinander. bügeln sie die kanten. falten
sie den streifen wieder auf. finden sie die
mitte der längskante und markieren sie sie
dort mit einer stecknadel. stecken sie die
mitte des bundes und die der schürzenoberkante rechts auf rechts aufeinander.

die fältchen legen.

legen sie die schürzenoberkante im
bereich der mittig gesteckten stecknadel
zu einer kleinen, 1 cm tiefen falte. legen
sie jeweils 6 cm rechts und links davon
eine weitere falte von 1 cm tiefe. bügeln
und stecken sie die falten fest und achten
sie darauf, dass die köpfe der stecknadeln in richtung der schürze weisen,
sodass sie nach dem zusammenfalten
des bundes noch zu sehen sind. klappen
sie den bund über die in falten gelegte
oberkante der schürze. stecken sie den
offenen bund an seiner ganzen länge
zusammen.

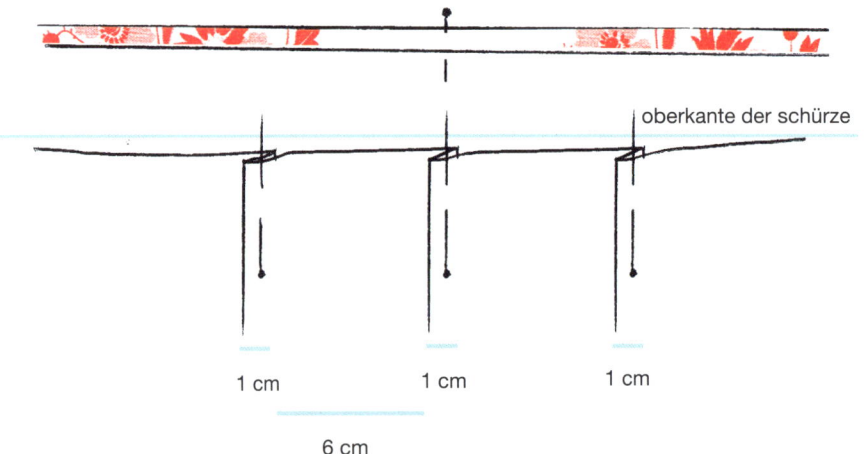

oberkante der schürze

1 cm   1 cm   1 cm

6 cm

die schürze fertignähen.

beginnen sie an einem kurzen ende des schürzenbandes und nähen sie an der gesamten gesteckten kante entlang. fassen sie auch die in falten gelegte oberkante der schürze mit. setzen sie rückstiche an anfang und ende, um die naht zu sichern.

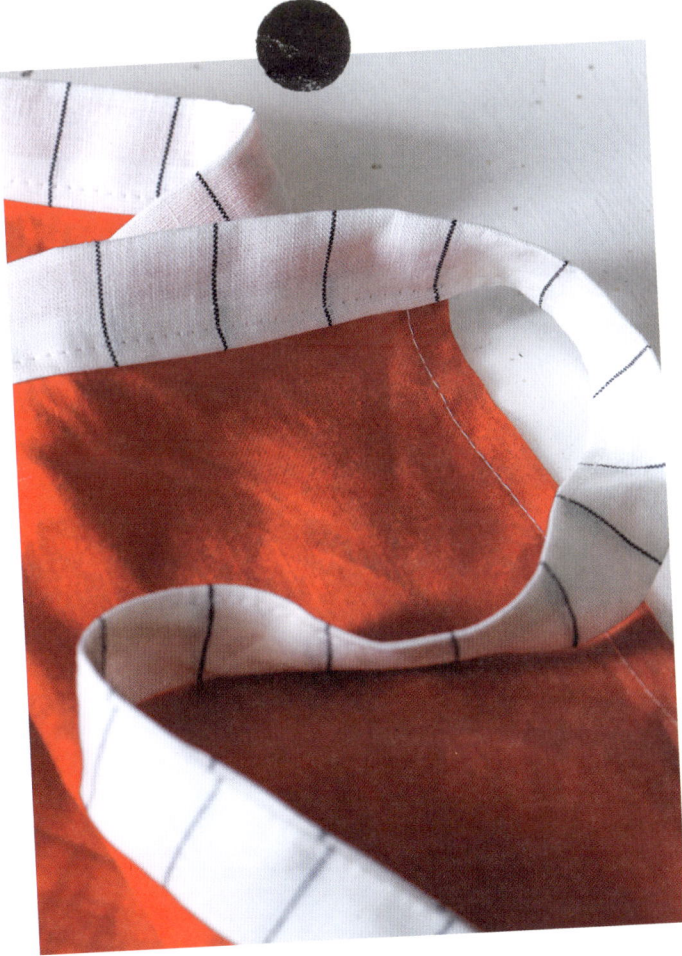

nun lassen sie die hausarbeit beginnen – oder schlüpfen sie in ihre kuscheligsten pantoffeln, passend zur neuen schürze, und machen sie es sich im sessel und mit einer Wohnzeitschrift bequem.

einkaufsbeutel.

sie brauchen

2 rechtecke von ca. 54 x 48 cm aus mittlerer bis schwerer baumwolle.

2 bänder für die träger aus mittlerer bis schwerer baumwolle, jeweils 60 x 12 cm.

äpfel, birnen, milch, eier und aufback-brötchen sehen in einer schicken geblümten oder gestreiften einkaufstasche gleich viel attraktiver aus. dieser beutel ist kinderleicht zu nähen und eine gute gelegenheit, alte vorhänge zu recyceln; von der vermeidung von plastikmüll ganz zu schweigen. der beutel ist extrem haltbar und kann so klein gefaltet werden, dass er in ihre handtasche passt.

die träger nähen.

falten sie bei jedem streifen für die träger alle vier kanten 1 cm weit zur linken seite um und bügeln sie. dann falten sie die streifen der länge nach mittig links auf links, sodass die umgebügelten kanten aufeinanderliegen. bügeln und stecken sie sie aufeinander. nähen sie so knapp wie möglich rundum an den kanten entlang. setzen sie rückstiche an anfang und ende, um die naht zu sichern.

1cm

die tasche nähen.

legen sie die beiden taschenteile rechts
auf rechts. stecken sie die stoffe aufeinander. nähen sie die beiden langen seiten
und die unterkante mit 1 cm nahtzugabenbreite zusammen. schneiden sie
die kanten der nahtzugaben mit der
zackenschere ab.

die taschenoberkante säumen.

falten sie rund um die taschenoberkante
einen 1 cm breiten saum zur linken stoffseite um und bügeln sie ihn (legen sie
dafür die tasche über das ende des
bügelbretts, das erleichtert das bügeln).
wiederholen sie dies, damit die offenen
stoffkanten verborgen sind. stecken sie
den saum fest und nähen sie um die
oberkante, dicht entlang der umgebügelten saumkante. setzen sie rückstiche an
anfang und ende, um die naht zu sichern.

den taschenboden formen.

legen sie die tasche flach, die beiden seitennähte liegen mittig aufeinander. drücken sie die bodenfläche so zurecht, dass sie als quadrat vor ihnen liegt. zeichnen sie mit schneiderkreide an der oberen und der unteren ecke jeweils eine querlinie, 6 cm von der spitze entfernt, wie abgebildet. setzen sie rückstiche an anfang und ende und nähen sie eine doppelte nähreihe auf der gezeichneten linie, um die naht besonders haltbar zu machen. schneiden sie die äußere ecke bis auf nahtzugabenbreite zur naht mit der zackenschere ab. wiederholen sie dies bei der anderen ecke. so entsteht ein 10 cm breiter taschenboden. wenden sie die tasche auf rechts.

6 cm

die träger annähen.

legen sie das ende eines trägers 10 cm von der seitennaht entfernt und 6 cm unterhalb der oberkante auf die rechte taschenseite und befestigen sie es mit stecknadeln. stecken sie das andere ende auf der gleichen taschenseite gegenüber ebenso an. nähen sie den träger fest. damit der träger besonders sicher sitzt, nähen sie zuerst ein rechteck und dann zweimal diagonal kreuzförmig darüber. nähen sie den zweiten träger auf der anderen seite der tasche auf die gleiche weise an.

nun falten sie die tasche klein zusammen und stecken sie in ihre handtasche, damit sie für spontane einkaufstrips gerüstet sind.

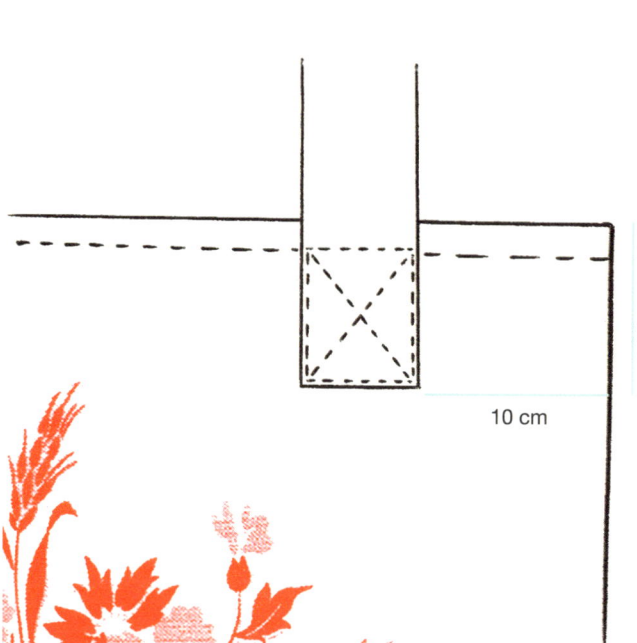

6 cm

10 cm

für das **wohnzimmer**

bistrogardine.

sie brauchen

1 dünnen baumwollstoff für den vorhang, mindestens 4 cm breiter als das fenster und 4 cm höher als die gewünschte höhe.

dünnen baumwollstoff für die schlaufen, 4 x 12 cm pro schlaufe (quer entlang der vorhangbreite kommt etwa alle 10 cm eine schlaufe).

1 holzstab.

dispersionsfarbe (ein probefläschchen genügt) und pinsel.

2 schraubhaken und ösen.

hier wurde ich durch die klassischen halbhohen cafévorhänge inspiriert. bistrogardinen sind sehr attraktiv und verdecken nur die untere hälfte eines fensters (vorzugsweise holzfenster!). sie schützen ihre privatsphäre, ohne das licht auszusperren und bringen gleichzeitig farbe und muster in den raum.

das ausmessen.

um die benötigte größe des vorhangs festzustellen, messen sie ihr fenster aus. rechnen sie bei der fensterbreite und der gewünschten vorhanghöhe jeweils 4 cm hinzu. schneiden sie den vorhang zu.

die vorhangschlaufen nähen.

falten sie an allen vier seiten der schlaufe einen 1 cm breiten saum zur linken stoffseite um und bügeln sie diesen. falten sie den streifen der länge nach mittig links auf links, sodass die umgebügelten kanten aufeinanderliegen. bügeln und stecken sie sie. nähen sie so knapp wie möglich entlang des randes rund um die schlaufe. setzen sie rückstiche an anfang und ende, um die naht zu sichern. wiederholen sie dies mit allen schlaufen.

1 cm

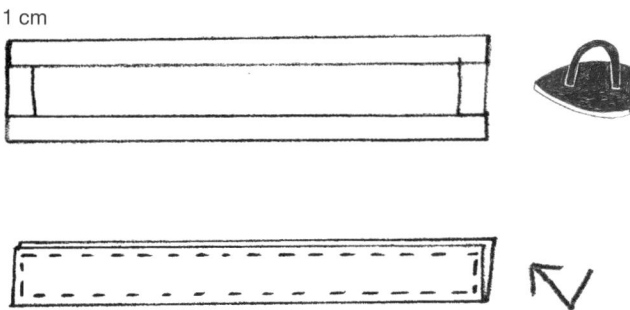

die gardine säumen.

falten sie alle kanten 1 cm weit zur linken stoffseite um und bügeln sie sie. wiederholen sie dies rundum, sodass die offenen stoffkanten verborgen sind. achten sie darauf, den stoff nicht zu verziehen, und formen sie saubere ecken. stecken sie den saum fest und nähen sie an allen seiten so knapp wie möglich an der umgebügelten kante entlang. setzen sie rückstiche an anfang und ende, um die naht zu sichern.

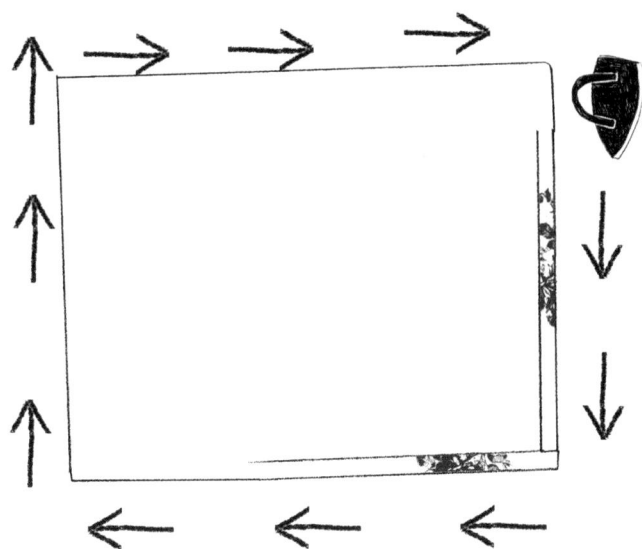

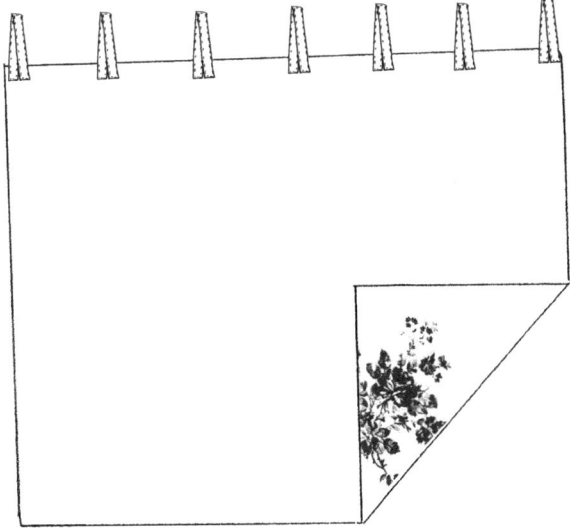

die schlaufen annähen.

falten sie jede schlaufe einmal quer durch die mitte und bügeln sie sie. beginnen sie an der äußeren ecke der gardine. legen sie die schlaufen auf die linke stoffseite und halten sie abstände von ca. 10 cm. legen sie die enden der schlaufen nebeneinander, nicht aufeinander. das macht das nähen einfacher und der vorhang wirft keine falten. stecken sie jede schlaufe fest. nähen sie 5 mm unterhalb der oberkante der gardine entlang und fassen sie dabei die schlaufen mit. nähen sie bei allen schlaufen mehrmals vor und zurück, damit sie besonders fest halten. bügeln sie den vorhang.

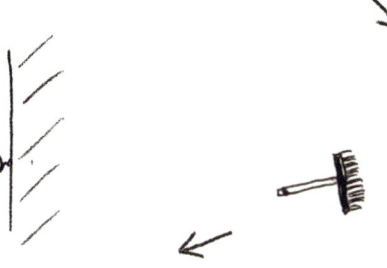

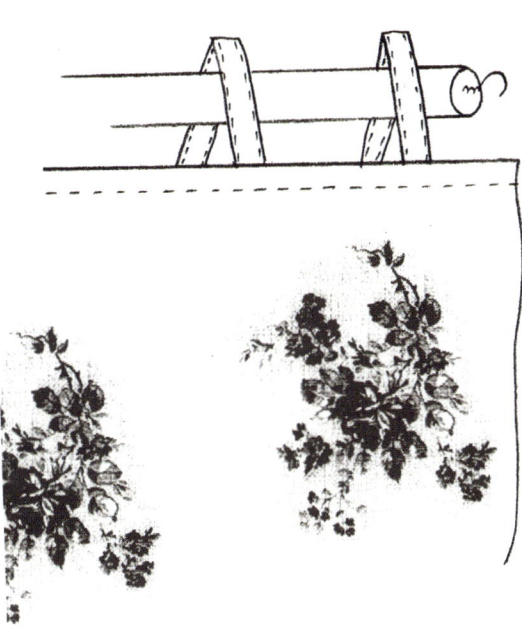

die gardine aufhängen.

schneiden sie den holzstab auf fensterbreite zu und lassen sie eine kleine lücke für den schraubhaken und die öse (1 cm an jeder seite müsste genügen). streichen sie den stab in der farbe ihrer wahl – ich habe einfaches weiß genommen. sobald die farbe trocken ist, schrauben sie die haken an die enden, die ösen in den fensterrahmen, und dann hängen sie die gardine auf. schon fertig!

stuhlkissen.

sie brauchen

1 blatt papier oder zeitungspapier, a3 oder größer.

mittelstarken oder starken baumwollstoff oder leinen für den kissenbezug (etwa 50 x 100 cm sollten pro kissen genügen).

2 streifen mittelstarke baumwolle für die bindebänder, je 4 x 40 cm.

schaumstoff (50 x 50 x 4 cm müssten reichlich sein, doch sollten sie zur sicherheit ihre kissenschablone zu hilfe nehmen, damit sie die füllung groß genug kaufen).

1 kräftigen reißverschluss (die länge muss an die hintere kante des kissens passen), siehe reißverschluss einsetzen seite 22–23.

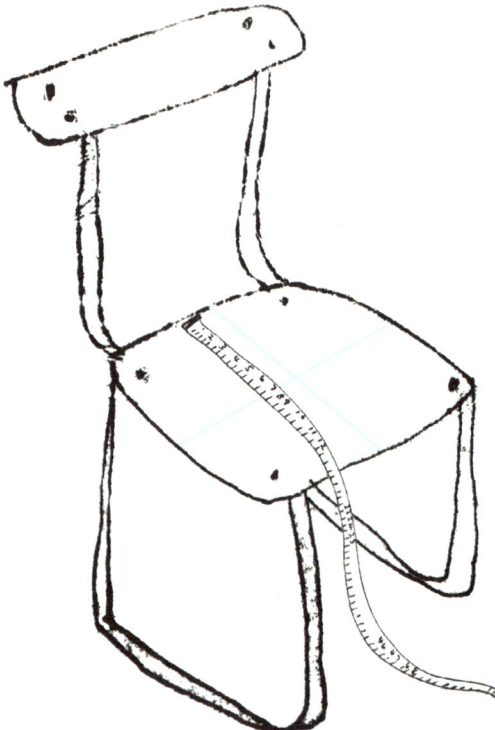

hölzerne küchenstühle, die es in einer wundervollen auswahl von formen und größen gibt, sind meine absoluten lieblinge. allerdings sind sie bei einem ausgiebigen sonntagsmahl oder einem fünfgängigen abendessen für unsere rückwärtige unterseite auf dauer etwas unbequem. dagegen hilft ein schönes weiches stuhlkissen. so ein kissen ist relativ einfach herzustellen, mit bindebändern an der rückenlehne festzubinden und ein guter begleiter für ein lang dauerndes festmahl.

die sitzfläche abmessen.

messen sie die tiefe und die breite der betreffenden stuhlfläche. ein stuhl kann an der vorderen kante breiter sein als hinten und das muss beim herstellen der schablone berücksichtigt werden. zeichnen sie also die exakte form der stuhlfläche auf das papier und geben sie rundum 1 cm nahtzugabe hinzu. sie brauchen auch schablonen für die seitenflächen vorn, seitlich und hinten. die seitenflächen haben die gleiche länge wie die kanten der sitzschablone und sind jeweils 6 cm hoch. die rückwärtige seitenfläche muss jedoch 7 cm hoch sein, da hier der reißverschluss eingenäht wird. geben sie auch bei den seitenflächen ringsum 1 cm nahtzugabe hinzu.

die stoffteile zuschneiden.

schneiden sie die stoffe mithilfe der hergestellten schablone zu. sie brauchen zwei große sitzflächen und vier seitenteile für rechts, links, vorn und hinten.

die bindebänder herstellen.

falten sie die kanten an allen vier seiten 1 cm weit zur linken stoffseite um und bügeln sie sie. falten sie den streifen der länge nach links auf links, sodass die umgebügelten kanten aufeinanderliegen. bügeln und stecken sie sie fest. nähen sie möglichst dicht an allen gebügelten kanten entlang. setzen sie rückstiche an anfang und ende, um die naht zu sichern. wiederholen sie dies mit allen bindebändern.

den reißverschluss einsetzen.

setzen sie den reißverschluss wie folgt an die rückseite: schneiden sie den stoff für das rückwärtige seitenteil der länge nach mittig auseinander. falten sie an jedem streifen eine längskante 1 cm zur linken stoffseite um und bügeln sie sie. nähen sie einen reißverschluss zwischen diese kanten, wie auf seite 22–23 beschrieben.

die seitenteile rundum nähen.

schließen sie den reißverschluss im rückwärtigen seitenteil. stecken sie die enden der beiden seitenteile rechts auf rechts an die enden des rückwärtigen teils und nähen sie sie mit einer 1 cm breiten naht an. setzen sie rückstiche an anfang und ende, um die naht zu sichern. wiederholen sie dies mit dem vorderen teil und den anderen enden der seitenteile. bügeln sie die nahtzugaben auseinander. sie haben nun eine weiche, eckige form für die seitenflächen genäht.

die kissenteile zusammensetzen.

stecken sie die kanten der seitenflächen rechts auf rechts an die unterseite des kissens. ich finde es einfacher, an der rückseite zu beginnen und rundum zu arbeiten. ich setze die stecknadeln nach und nach und achte darauf, dass die eck-nähte auf die ecken treffen. folgen sie den hinweisen auf seite 18 bezüglich der kastennähte. nähen sie den zwickel mit einer durchgehenden, 1 cm breiten naht ein. setzen sie rückstiche an anfang und ende, um die naht zu sichern. (jetzt öffnen sie den reißverschluss, damit sie das kissen später durch die öff-nung wenden können.) wiederholen sie dies mit der oberseite des kissens und der oberkante des zwickels. wenden sie das kissen und bügeln sie die nähte (die kante des bügelbretts ist dabei hilfreich).

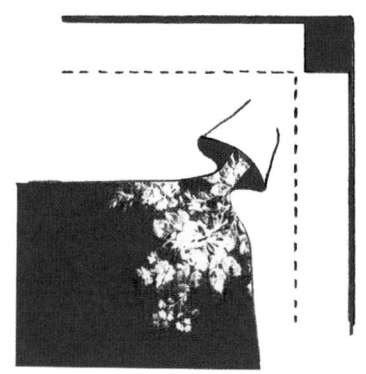

den schaumstoff einfüllen.

benutzen sie die schablone für die sitz-fläche und schneiden sie den schaum-stoff genau zu. arbeiten sie vorsichtig mit einem teppichmesser. stopfen sie die kissenhülle mit dem zugeschnittenen schaumstoffkissen aus.

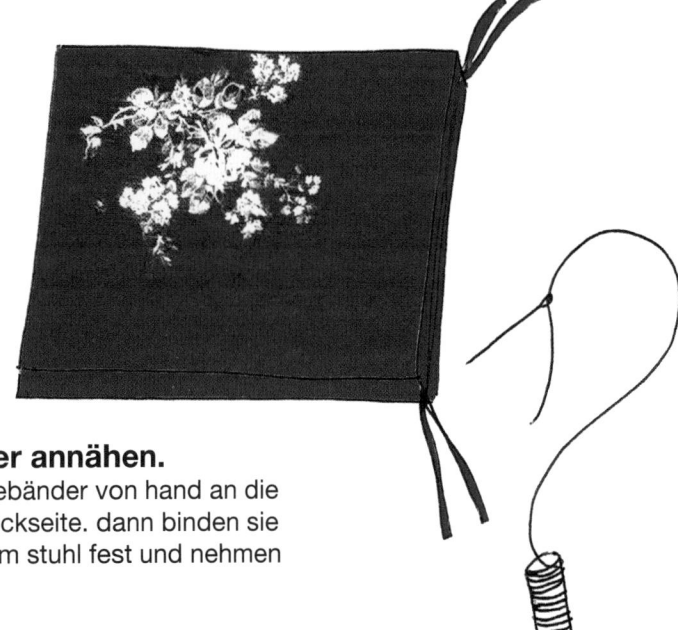

die bindebänder annähen.

nähen sie die bindebänder von hand an die ecken der kissenrückseite. dann binden sie das kissen auf ihrem stuhl fest und nehmen platz.

raffrollo.

sie brauchen

1 hauptstoff (größe des fensters plus 5 cm zur breite und plus 15 cm zur länge für kopf und saum).

1 futterstoff (gleiche größe wie der hauptstoff).

schrägstreifen, 25 mm breit, 2 cm länger als die breite des rollos.

1 holzstab, 9 mm durchmesser, 2 cm kürzer als die breite des rollos.

rolloband (anzahl der reihen mal höhe des rollos: sie brauchen etwa alle 30 cm ein senkrecht laufendes band).

metallringe (anzahl der reihen mal höhe des rollos: sie brauchen etwa alle 15 cm einen ring auf den senkrechten bändern).

1 holzbrett (glatt geschmirgelt) als kopfbrett, so breit wie das fenster plus 2,5 cm und 5 cm hoch.

große schraub-ösen (so viele wie rollobänder).

feste zugschnur (zweimal die höhe jedes rollobandes plus die strecke vom obersten ring bis zur seitenkante des rollos).

1 schnurhalter für den fensterrahmen.

polsterernägel und hammer oder tacker.

winkel und schrauben, um das kopfbrett festzumachen.

holzperlen (nach belieben).

es sieht fantastisch aus und ist relativ einfach zu nähen (mit etwas geduld). wenn ich ein fenster dekorieren soll, denke ich immer zuerst an ein raffrollo. ein mittelfester baumwollstoff oder indische dupionseide eignen sich sehr gut.

das fenster ausmessen.
um die benötigte stoffmenge auszurechnen, messen sie ihr fenster aus. rechnen sie 5 cm zur breite und 15 cm zur höhe dazu. schneiden sie den rollostoff und den futterstoff in diesem maß zu. schneiden sie so gerade wie möglich.

das rollo nähen.
legen sie den rollostoff und den futterstoff rechts auf rechts. stecken sie die beiden längskanten und die unterkante aufeinander. nähen sie mit 1 cm nahtzugabe um diese drei seiten. setzen sie rückstiche an anfang und ende, um die naht zu sichern. schneiden sie die ecken der nahtzugaben ab (siehe seite 18) und wenden sie das rollo auf rechts. arbeiten sie die ecken und nähte sorgfältig heraus und bügeln sie sie.

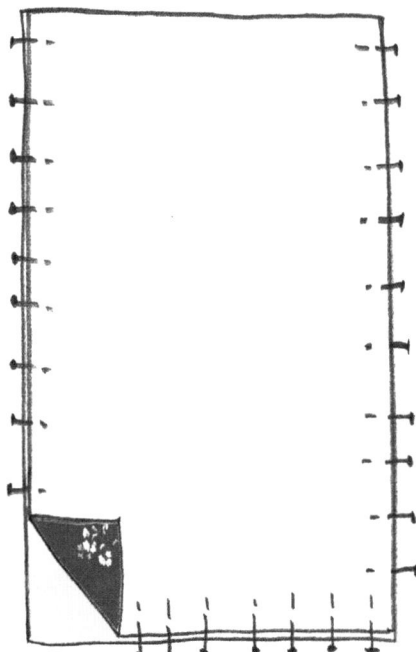

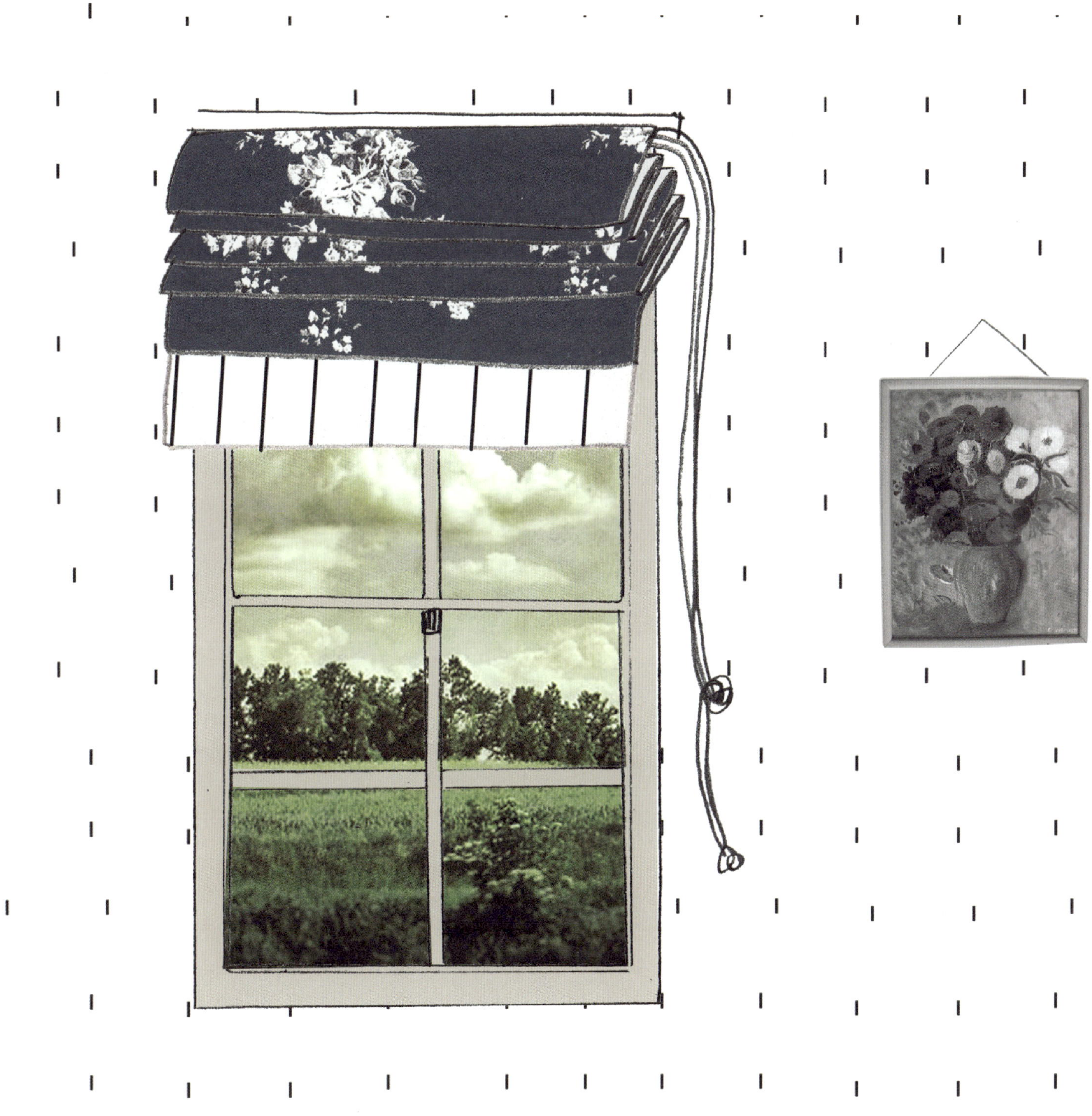

das rollo einfassen.

stecken sie den schrägstreifen an die oberkante des rollos. falten sie die offenen seitenkanten des schrägstreifens 1 cm weit unter und nähen sie ihn fest. achten sie darauf, beim nähen gleichzeitig die obere und die untere umgeschlagene kante mitzufassen (siehe auch seite 20). setzen sie rückstiche an anfang und ende, um die naht zu sichern.

den tunnel für den holzstab abmessen.

legen sie das rollo flach aus, die futterseite weist nach oben. benutzen sie einen meterstab oder ein lineal und schneiderkreide und zeichnen sie 14 cm oberhalb der unterkante eine linie quer über das rollo. zeichnen sie oberhalb davon eine zweite linie. der abstand muss so groß sein, dass der holzstab hindurchgeschoben werden kann; er soll eher stramm sitzen und nicht locker darin liegen. meist sind 12 mm abstand für einen stab von 9 mm durchmesser passend, das kann aber je nach stärke des stoffes abweichen.

die rollobänder aufnähen.

legen sie die rollobänder der länge nach auf die futterseite des rollos, beginnend an der oberen tunnelnaht bis an die oberkante des rollos. beginnen sie an den außenkanten und arbeiten sie in richtung mitte. legen sie die äußeren streifen 1 cm innerhalb der seitenkanten auf und dazwischen in gleichen abständen von ca. 30 cm. wenn sie die richtige anordnung gefunden haben, zeichnen sie an diesen stellen mit dem lineal und schneiderkreide jeweils eine senkrechte linie. stecken oder heften sie jeden streifen mittig darüber fest und falten sie die offenen enden unter. nähen sie jeden streifen fest. beginnen sie jeweils an der oberkante, damit der stoff keine falten wirft. setzen sie rückstiche an anfang und ende der naht. befestigen sie die enden der bänder mit blindstichen von hand.

den tunnel nähen.

nähen sie die beiden querlinien für den tunnel. setzen sie rückstiche an anfang und ende, um die naht zu sichern.

die ringe befestigen.

verteilen sie die ringe in senkrechten abständen von 15 cm auf den rollobändern. die ringe auf den einzelnen bändern müssen absolut waagerecht zueinander ausgerichtet sein. nähen sie die ringe von hand fest.

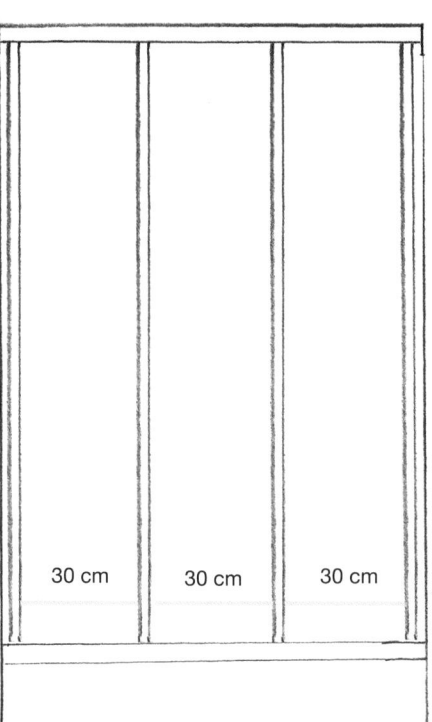

30 cm   30 cm   30 cm

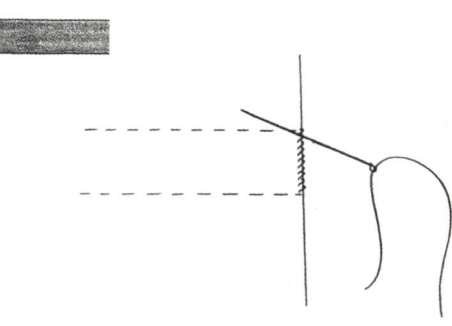

den holzstab einschieben.

öffnen sie die stiche der seitennaht an einer kante des tunnels. schieben sie den holzstab hinein. schließen sie die öffnung wieder von hand mit blindstichen.

das rollo am kopfbrett befestigen.

legen sie die oberen 15 mm des rollos mit der futterseite nach unten über die kante des kopfbretts. tackern oder nageln sie die ganze kante auf dem brett fest.

die schraub-ösen anbringen.

schrauben sie die ösen an die unterseite des kopfbretts, direkt oberhalb der metallringe auf den rollobändern an der rückseite.

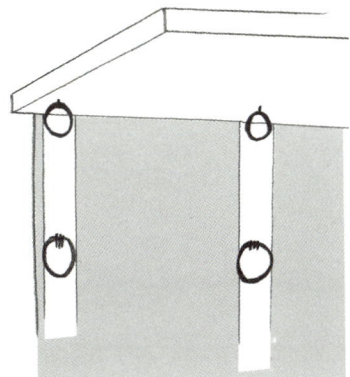

die zugschnur einfädeln.

schneiden sie die zugschnüre einzeln zu. jede muss doppelt so lang wie die höhe des rollos sein plus den abstand von der obersten ringreihe bis zur seite. fädeln sie jede zugschnur durch die metallringe und quer durch die schraub-ösen bis zur seitenkante. knoten sie jede schnur am untersten ring fest. verknoten sie die schnüre dicht an der letzten öse und ganz am ende, damit sie sich nicht verheddern. schneiden sie die enden gleich lang ab und binden sie die holzperlen daran (nicht unbedingt nötig, sieht aber nett aus).

das rollo aufhängen.

befestigen sie das kopfbrett mit winkeleisen oberhalb des fensterrahmens. schrauben sie einen schnurhalter in bequemer höhe an die seite des fensterrahmens oder an die wand, um die schnur des hochgezogenen rollos aufwickeln zu können. damit die falten des rollos ordentlich liegen, sollten sie ihn einige tage in hochgezogenem zustand belassen.

nackenrolle.

traditionell liegt eine nackenrolle auf dem bett, doch eignet sie sich ganz prima als stütze beim lesen oder zum kuscheln im schlaf. ich finde nackenrollen nicht nur äußerst bequem, sie sind auch eine schöne dekoration auf einem sofa, einem ohrensessel, einer liege oder einer chaiselongue.

sie brauchen

1 rechteck aus mittelstarker baumwolle oder leinen von 64 x 49 cm (wenn der reißverschluss von hand eingenäht wird)
oder
2 rechtecke von 33 x 46 cm (wenn der reißverschluss mit der maschine eingenäht wird).

2 kreise aus baumwolle oder leinen, 21 cm durchmesser.

2 knöpfe (unterschiedliche antike knöpfe sehen gut aus).

1 kräftigen reißverschluss, 46 cm lang.

1 nackenrolle mit federfüllung, 46 cm lang, 20 cm durchmesser.

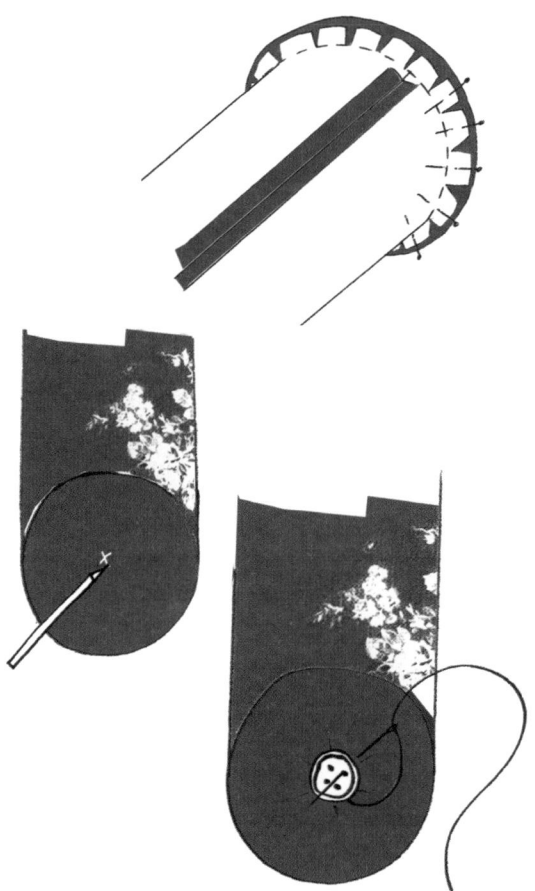

den reißverschluss einnähen.
ich habe hier zwei stoffe in kontrastierender farbe gewählt. falten sie an jeweils einer langen seite 1 cm zur linken stoffseite um. bügeln und stecken sie die kante. nähen sie den reißverschluss ein, wie auf den seiten 22–23 beschrieben. wenn sie lieber mit einem einzigen stoffstück arbeiten, ist die technik genau die gleiche, doch empfehle ich, den reißverschluss von hand einzunähen. das „aus-dem-weg-halten" des stoffes ist beim nähmaschinennähen etwas schwierig.

die stoffe zusammennähen.
wenn sie mit zwei stoffteilen arbeiten, stecken sie sie nun rechts auf rechts an den langen offenen kanten zusammen. nähen sie mit 1 cm nahtzugabe. sichern sie die naht, bügeln sie die nahtzugaben auseinander.

die enden der rolle einsetzen.
bereiten sie die rolle vor, indem sie an den offenen seitenkanten einschnitte von 1 cm länge in abständen von 2 cm anbringen. öffnen sie den reißverschluss halb. stecken sie die stoffkreise rechts auf rechts in die rolle. nähen sie die kreise mit 1,5 cm nahtzugabe ein. dies ist nicht ganz einfach, lassen sie sich also zeit. wenn sie hier und da eine kleine falte schieben müssen, damit der kreis passt, dann tun sie das.

die knöpfe festnähen.
wenden sie die rolle auf rechts. markieren sie die mitte jeder seitenfläche mit schneiderkreide. nähen sie jeweils einen knopf auf und raffen sie dabei den stoff etwas, dies ergibt einen gekräuselten effekt. winden sie den restlichen faden unter dem knopf rundum. nähen sie den faden mehrmals durch den fadenhals hindurch.

die füllung hineinschieben.
stopfen sie die mit federn gefüllte nackenrolle in die hülle und ziehen sie den reißverschluss zu.

patchworkkissen.

sie brauchen

4 stoffe aus leichtem leinen oder mittelschwerer baumwolle (damast) in den folgenden maßen:

1 großes rechteck für die vorderseite, 52 x 28 cm.

1 mittleres rechteck für die mitte der vorderseite, 52 x 16 cm.

1 schmales rechteck für die vorderseite, 52 x 12 cm.

1 rückseitenstoff, 52 x 52 cm.

1 kräftiger reißverschluss, 50 cm lang.

1 stück baumwollstoff für das reißverschlussende, 1 x 3 cm.

1 federkissen, 50 x 50 cm.

kissen sind eine fantastische und einfache möglichkeit, jeden raum zu verschönern, der groß genug für ein sofa oder einen sessel ist. kissen sind einfach zu nähen und es gibt sie in verschiedenen formen, größen und stoffkombinationen.

wenn sie gemusterten stoff oder alte stoffe benutzen, sollten sie ein bestimmtes farbschema einhalten, damit das kissen elegant wirkt. wenn sie es lieber leuchtend haben, kombinieren sie kontrastierende farben, muster und formen und erhalten ein sehr modern wirkendes kissen.

in diesem fall habe ich meine lieblingsleinenstoffe zusammengestellt – ein dunkles petrolblau mit blumendruck, ein unifarbenes graues leinen und einen streifen aus altem damast.

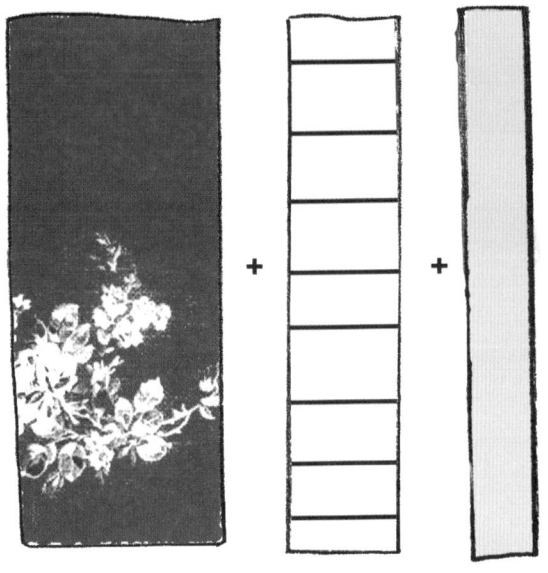

die stoffe zusammensetzen.

stecken sie das mittlere stoffstück mit der langen kante rechts auf rechts auf das große stoffstück. nähen sie sie mit einer 1 cm breiten naht zusammen. setzen sie rückstiche an anfang und ende, um die naht zu sichern. legen sie das schmale stoffstück rechts auf rechts auf die rechte lange kante des mittleren stoffstücks und nähen sie sie mit 1 cm nahtzugabe zusammen. bügeln sie die nahtzugaben auseinander.

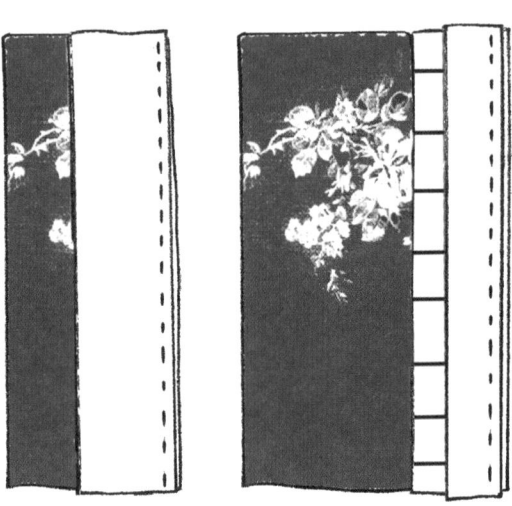

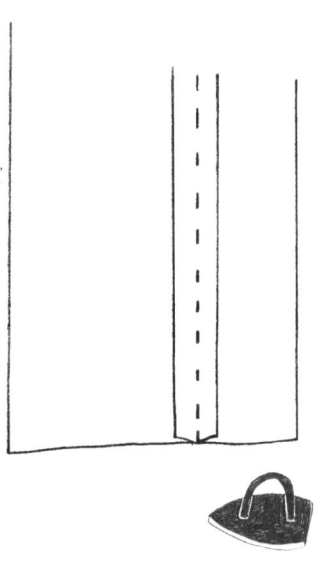

die fläche säumen.

falten sie die unterkante der patchworkfläche 1 cm zur linken seite um und bügeln sie sie. wiederholen sie dies am rückseitenstoff.

den reißverschluss einnähen.

nähen sie an das ende des reißverschlusses ein kleines stoffstück, wie auf seite 22 beschrieben. setzen sie den reißverschluss an den umgeschlagenen kanten zwischen die beiden stoffteile von vorder- und rückseite, wie auf den seiten 22–23 beschrieben. achten sie darauf, dass die kanten beider stoffseiten mit dem reißverschluss parallel liegen. öffnen sie den reißverschluss halb. (nur so können sie eine hand hineinstecken und das kissen auf rechts wenden. ich habe das schon einige male vergessen und war sehr frustriert, weil ich dann auftrennen und von vorn anfangen musste.) legen sie die stoffseiten rechts auf rechts. es macht nichts, wenn die kissenoberseite etwas verschoben ist, wichtig ist, dass der reißverschluss an der unterkante gerade verläuft. legen sie die flächen zu einem quadrat aufeinander. stecken sie die flächen fest. beginnen sie an der ecke mit dem reißverschlussende und nähen sie die drei kanten des kissenbezugs zusammen. schneiden sie die kanten der nahtzugaben mit der zackenschere ab, damit sie nicht ausfransen.

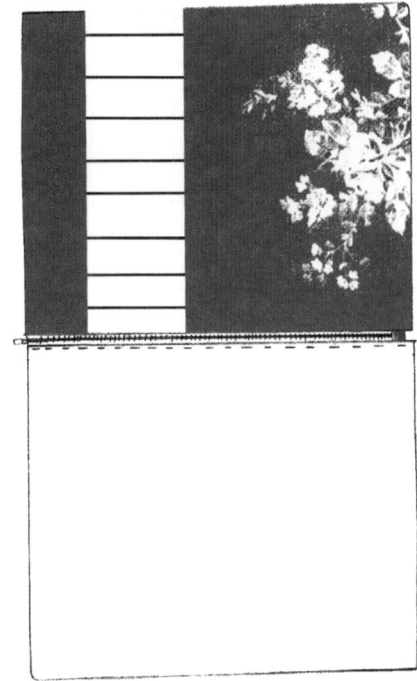

das kissen einfüllen.

wenden sie die kissenhülle auf rechts und bügeln sie sie. füllen sie das kissen ein – et voilà!

sesselschoner.

sie brauchen

1 dünnen baumwollstoff,
ca. 36 x 42 cm.

2 knöpfe (nach belieben).

in der viktorianischen und edwardianischen zeit war es mode, sich die haare mit einer mischung aus kokos- und palmöl zu kämmen. dieses öl wurde macassar-öl genannt und war bei den hausfrauen der damaligen zeit nicht sehr beliebt, denn es verunreinigte den bezug von sesseln und sofas im kopfbereich. die findigen damen bedeckten daher die rückenlehnen und die armlehnen mit einem klei-nen stoffstück, das regel-mäßig gewaschen werden konnte, und so wurde der sesselschoner (engl. „anti-macassar") erfunden.

es ist eine gute idee, knöpfe auf die rückseite der rückenlehne zu nähen. dann können sie den sesselschoner festknöpfen, damit er nicht verrutscht.

den stoff säumen.

falten sie an allen kanten 1 cm zur linken stoffseite um und bügeln sie sie. wiederholen sie dies ein zweites mal, sodass die offenen stoffkanten verborgen sind. verziehen sie den stoff nicht und formen sie beim bügeln saubere ecken. stecken sie den saum fest und nähen sie so knapp wie möglich an der umgebügelten kante entlang. setzen sie rückstiche an anfang und ende, um die naht zu sichern.

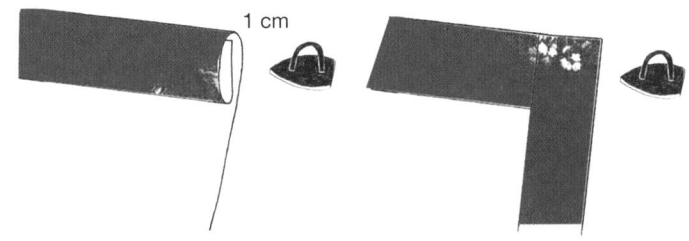

die knopflöcher nähen.

nähen sie zwei knopflöcher an die beiden oberen ecken des sesselschoners. damit er nicht verrutscht, nähen sie von hand zwei knöpfe an die rückseite der lehne, sodass knopflöcher und knöpfe aufeinandertreffen.

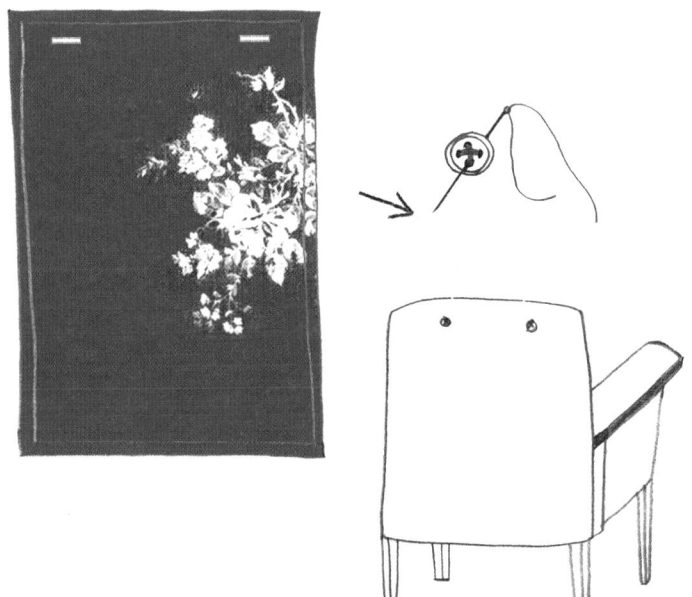

türschlange.

sie brauchen

2 leichte oder mittelfeste, dunkelblaue leinenstücke, 42 x 42 cm und 26 x 42 cm groß.

1 leichtes oder mittelfestes helles leinen, 56 x 42 cm.

1 mittelfesten baumwollstoff für das maul, ca. 24 x 24 cm.

2 knöpfe.

ein rest leinen für die gespaltene zunge.

füllmaterial (ich habe stoffreste verwendet. das ist nicht nur gutes recycling, es macht die schlange weich und schwer, damit sie liegen bleibt).

wenn sie, wie ich, unter zugigen türen zu leiden haben, dann ist sebastian, die türschlange, der richtige freund. er erfüllt eine doppelte aufgabe, denn er hütet auch den eingang – passen sie also auf, dass er sie nicht in den knöchel beißt. dieses projekt ist wirklich einfach. das schöne ist, dass sie nur hier und da etwas zu ändern brauchen – andere farben oder eine längere zunge oder die augen an anderer stelle – und schon haben sie eine schlange mit eigener persönlichkeit.

die stoffe aneinandersetzen.

stecken sie die kurzen kanten des hellen leinens rechts auf rechts an eine kurze kante des dunkelblauen leinens. nähen sie mit 1 cm nahtzugabe. setzen sie rückstiche an anfang und ende, um die naht zu sichern. stecken und nähen sie das zweite dunkelblaue leinen rechts auf rechts an die andere seite des hellen stoffes. stecken und nähen sie mit 1 cm nahtzugabe und bügeln sie die nahtzugaben auseinander.

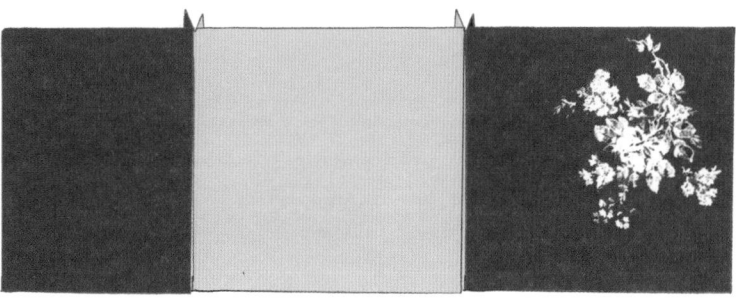

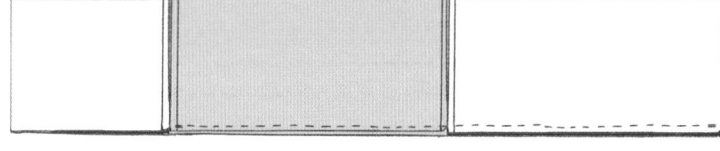

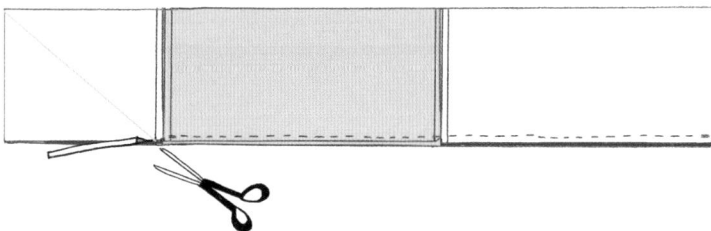

den körper zusammensetzen.
falten sie den körper der länge nach rechts auf rechts. stecken und nähen sie die langen kanten zusammen. beginnen sie am ende des größeren blauen stoffstücks und nähen sie nur bis an das ende des hellen stoffes. lassen sie das kleinere blaue stoffstück ungenäht. setzen sie rückstiche an anfang und ende, um die naht zu sichern.

die schwanzspitze zuschneiden.
legen sie den körper flach vor sich auf die arbeitsfläche, die lange genähte kante weist zu ihnen hin. zeichnen sie mithilfe eines lineals und mit schneiderkreide von der vorderen kante (dort wo der helle stoff beginnt) bis zum gefalteten oberen linken ende eine gerade linie. schneiden sie 1 cm außerhalb dieser linie den stoff ab. die spitze wird die schwanzspitze. legen sie das abgeschnittene teil beiseite.

den kopf zuschneiden.
legen sie den körper wieder flach vor sich hin, diesmal soll die genähte kante mittig auf der oberseite verlaufen. kennzeichnen sie am großen blauen stoffstück die mitte der oberkante. zeichnen sie an beiden seiten im abstand von 12 cm zur oberkante eine weitere markierung und verbinden sie die seitlichen punkte mit der mitte der oberkante durch eine gerade Linie. schneiden sie 1 cm außerhalb dieser linie die stoff-ecken ab. dies wird der kopf. legen sie die abgeschnittenen ecken beiseite.

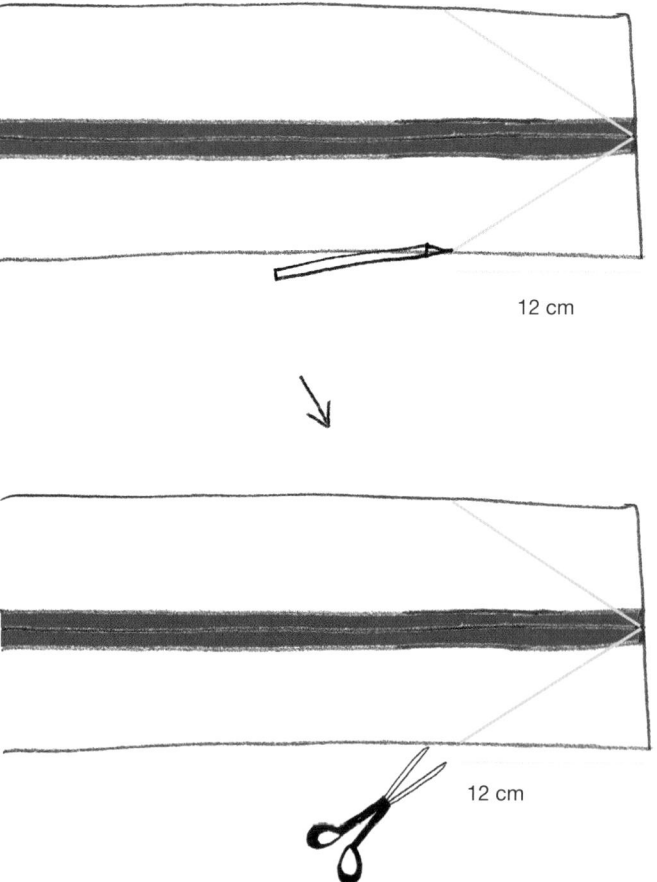

12 cm

12 cm

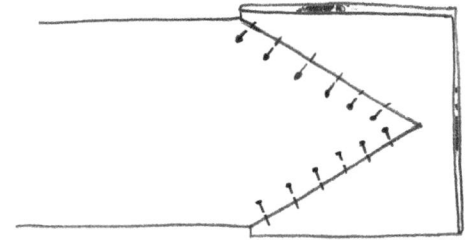

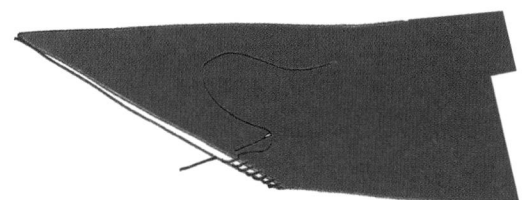

das maul einnähen.

·falten sie das helle stoffstück für das innenteil des mauls rechts auf rechts quer zur hälfte. schieben sie das teil zwischen die soeben geschnittenen spitzen des kopfteils, die gefaltete kante muss rechts und links auf die seitlichen markierungen treffen. stecken sie nun nacheinander zuerst die obere spitze auf das oben liegende innenteil, dann wenden sie die schlange und stecken sie die nun oben liegende spitze an das andere, noch lose innenteil. nun nähen sie entlang der kanten mit 1 cm nahtzugabe. sichern sie die naht. beginnen sie an einer ecke und nähen sie rundum. die mundwinkel sind dabei etwas kniffelig. legen sie das innenteil flach auf die arbeitsfläche, sodass die ecke so weit wie möglich offen ist. diese stelle braucht zeit und geduld. sollten sich hier und da einige fältchen ergeben, so ist das in ordnung und gibt der schlange persönlichkeit. schneiden sie überstehenden stoff mit der zackenschere ab, die schnipsel können sie gleich als füllung verwenden.

die schlange ausstopfen.

wenden sie die schlange auf rechts und achten sie darauf, alle ecken und winkel durchzudrücken. nun sieht sebastian wie eine schlappe schlange aus. stopfen sie die schlange aus. beginnen sie am kopf. am schwanzende angekommen, halten sie nadel und faden bereit. stopfen sie jeweils etwas füllung in die schwanzspitze, falten sie die nahtzugabe nach innen und nähen sie sofort eine strecke mit blindstichen zu (siehe seite 13).

die letzten feinheiten.

wenn die schlange gestopft und die schwanzspitze zugenäht ist, dürfen sie augen und zunge annähen und das tier zum leben erwecken. ich habe zwei knöpfe mit festen stichen als augen auf sebastians kopf genäht. die gespaltene zunge entstand aus einem rest des hellen leinens, den ich zugeschnitten und von hand in die maulöffnung genäht habe.

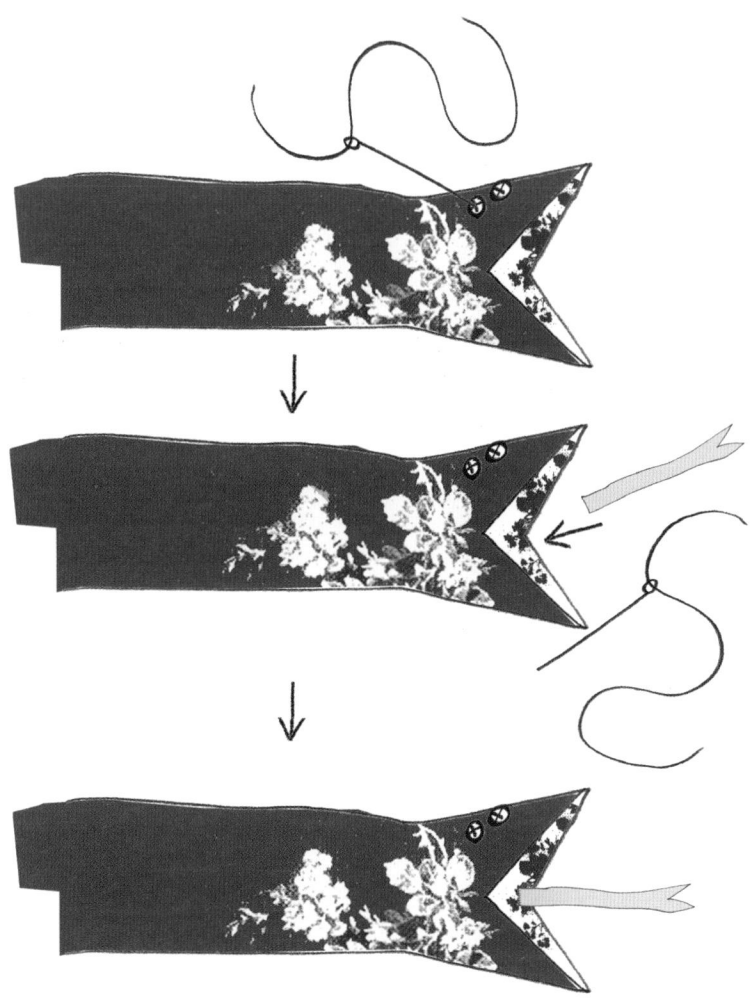

fußpolster.

sie brauchen

für das futter:

1 rechteck aus festem nesselstoff,
43 x 147 cm.

3 kreise aus festem nesselstoff,
46 cm durchmesser.

42 cm nähbares klettband, 2 cm breit.

für die außenseite:

1 rechteck aus baumwolldrillich, denim oder einem ähnlich festen stoff,
43 x 147 cm.

3 kreise aus baumwolldrillich,
denim oder einem ähnlich festen stoff,
durchmesser 46 cm.

150 cm keder.

polsterernadel mit zwei spitzen enden
und dem öhr in der mitte.

4 knöpfe.

füllmaterial (stoffreste oder holz-
späne).

es gibt nichts entspannenderes, als in einem bequemen lehnstuhl zu sitzen und die füße auf einem fußpolster hoch-zulegen. solch ein polster ist auch ein notsitz für gäste, wenn alle anderen sitz-gelegenheiten im wohnzimmer schon besetzt sind. wenn sie das polster mit stoffresten ausstopfen, haben sie schon bald ihr nähzimmer aufgeräumt und alle reste erfüllen einen nützlichen zweck. eine alternative ist, den fußschemel mit holzspänen zu füllen.

das innenfutter nähen.

nehmen sie zwei der nessel-kreise und messen sie im ab-stand von 28 cm quer darüber. zeichnen sie eine gerade linie quer über den kreis und schneiden sie den stoff dort ab. falten sie an der schnittkante einen 1 cm breiten saum nach innen und bügeln sie. wiederholen sie dies, sodass die offene stoffkante umschlossen ist. stecken und nähen sie. setzen sie rückstiche an anfang und ende, um die naht zu sichern. wiederholen sie dies beim zweiten kreisabschnitt.

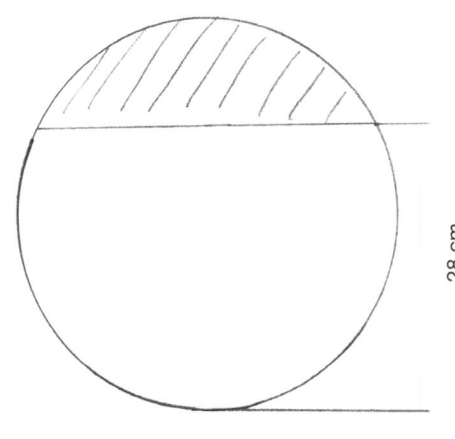

28 cm

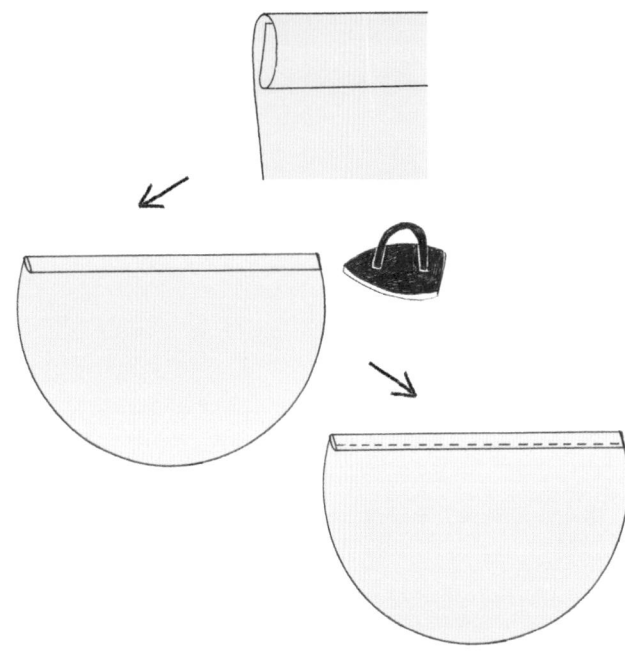

den klettverschluss anbringen.

diese zwei kreisteile sollen überlappend einen vollständigen kreis bilden. mit dem klettband wird ein fester verschluss geschaffen, der die füllung im inneren hält. trennen sie das klettband in seine beiden hälften. stecken und nähen sie die eine hälfte auf die gesäumte kante des ersten kreisteils. legen sie den zweiten kreisteil so weit über die kante des ersten, dass sich ein kompletter kreis ergibt. stecken und nähen sie die andere bandhälfte auf den zweiten kreisteil. beide klettbandhälften sollen sich beim zusammendrücken genau treffen. verbinden sie beide kreishälften an der klettbandlinie und legen sie das teil beiseite.

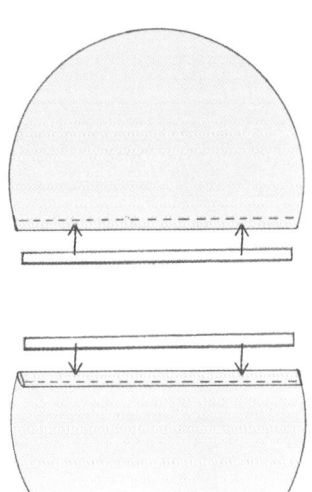

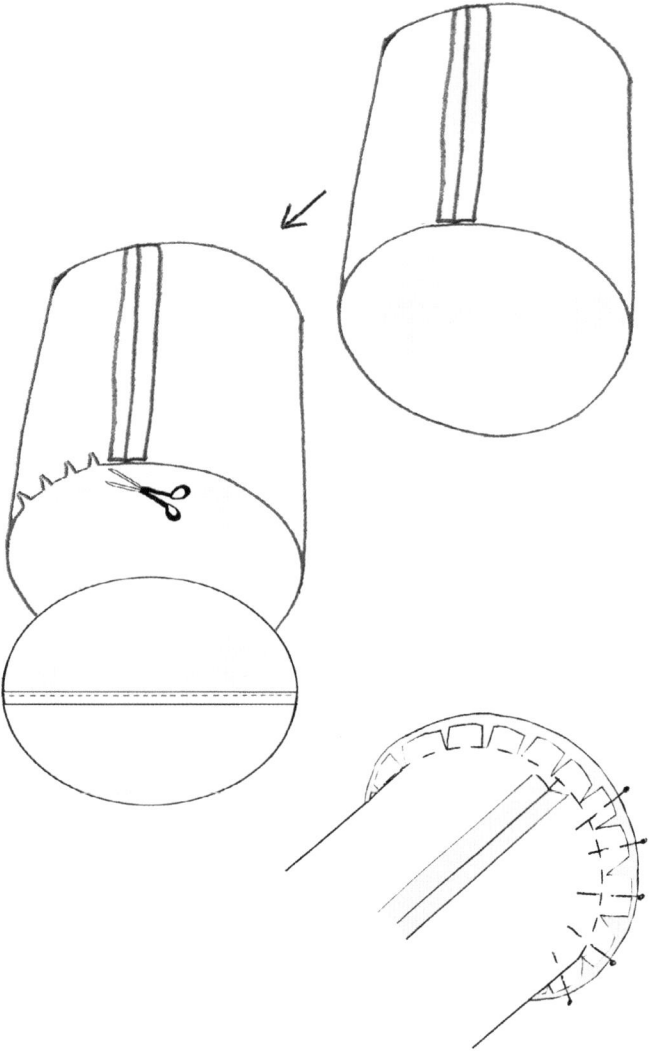

die seitenaht schließen.

legen sie die beiden kurzen kanten des großen futterteils rechts auf rechts. nähen sie sie mit 1,5 cm nahtzugabe zusammen und formen sie eine röhre. zweimaliges nähen macht die naht stabiler (das lohnt sich). bügeln sie die nahtzugaben auseinander.

die kreise einsetzen.

schneiden sie zuerst die kanten in abständen von 2 cm jeweils 1 cm tief ein, um die kreise besser einsetzen zu können. stecken sie die kreise fest. nähen sie rundum mit 1,5 cm nahtzugabe (auch hier lohnt sich eine doppelt genähte, extra stabile naht). wenden sie das innenfutter auf rechts.

die außenhülle vorbereiten.

teilen und säumen sie die beiden stoffkreise der außenhülle wie beim futter. heften sie sie zu einem kompletten kreis aufeinander. stecken und heften sie den keder rund um die kante des verbleibenden stoffkreises, die offenen außenkanten liegen aufeinander. versäubern sie die ansatzstelle (siehe seite 21).

das polster füllen.

wenden sie die außenhülle auf rechts.
schieben sie das innenfutter in die außenhülle, die öffnungen im bodenteil müssen
gleich laufen. stopfen sie das polster sehr
fest mit dem material ihrer wahl, entweder mit stoffresten oder mit holzspänen.
schließen sie den klettverschluss im futter
und überlappen sie die bodenflächen der
außenhülle.

die außenhülle nähen.

wiederholen sie alle arbeits-
schritte für das innenfutter auch
bei der außenhülle. der kreis
mit keder wird die oberfläche
des polsters, der kreis mit den
überlappenden kanten wird der
boden.

die knöpfe annähen.

sehr dekorativ wirken vier knöpfe auf der
oberseite des polsters. zeichnen sie mit
schneiderkreide vier gleichmäßig verteilte
punkte auf die oberseite. verwenden sie
eine polsterernadel mit zwei spitzen und
dem öhr in der mitte. nähen sie die vier
knöpfe an und raffen sie dabei den stoff
etwas.

nun legen sie die füße hoch und trinken
eine tasse tee.

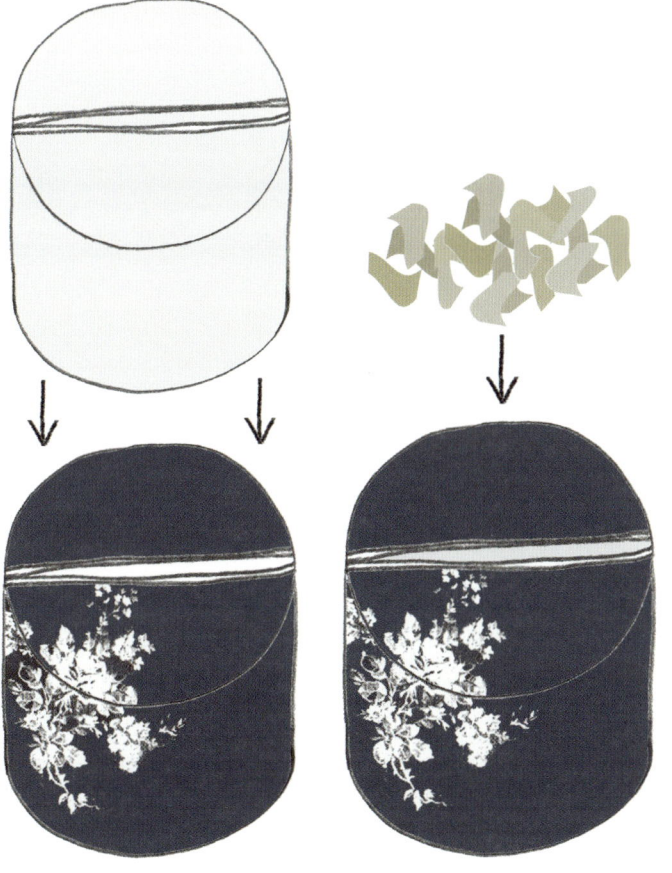

wintervorhang.

sie brauchen

vorhangstoff (ich empfehle schweres leinen oder wildseide), maß siehe „ausmessen".

futterstoff (vorzugsweise in weiß oder creme), maß siehe „ausmessen".

7,5 cm breites bleistiftfaltenband, etwas länger als der vorhangstoff breit ist.

vorhanghaken aus messing.

vorhangstange.

gardinenringe (ich habe bemalte hölzerne gewählt).

eine große frei geräumte arbeitsfläche und viele tassen tee!

vorhänge können fantastisch und theatralisch wirken. die sorgfalt und arbeit, die sie, vom Stoffkauf bis zum nähen, in vorhänge stecken, sind der schlüssel zum erfolg. details und schnickschnack wie schabracken, rüschen, bleibänder und anderes lenken vom zweck des vorhangs ab und sind für eine näherin eher abschreckend. dieser wintervorhang erfordert nur grundkenntnisse und ist relativ unkompliziert zu nähen.

bei der anleitung habe ich mich sehr bemüht, jeden arbeitsschritt so genau wie möglich zu beschreiben. sie sollen einen schönen, praktischen und eleganten vorhang für ihr zuhause nähen, ohne dass sie frustriert die nähmaschine aus dem fenster werfen wollen. dieser vorhang ist zwar ein sehr großes projekt, doch hoffentlich nicht beängstigend.

der erfolg liegt im stoff, den sie wählen. es ist nicht ganz leicht, den rapport eines großen musters auszurichten. wenn sie also zum ersten mal einen vorhang nähen, sollten sie es sich einfach machen und einen schönen, doch schweren unistoff aussuchen, wie z. b. wildseide, und vielleicht einen interessanten, kontrastfarbenen futterstoff.

das ausmessen.

einer oder zwei vorhangstoffe?
meist benötigen sie zwei vorhangteile für ein fenster.
wenn ihr fenster aber nur 50 cm oder weniger breit ist,
genügt ein einziger vorhang, den sie bequem auf eine
seite schieben und dort befestigen können.

breite des vorhangs
da dies ein relativ schwerer wintervorhang werden soll,
befestigen sie die vorhangstange 12 cm oberhalb des
fensterrahmens und lassen sie an beiden seiten 12 cm
überstehen. damit der vorhang gut fällt, messen sie die
breite der vorhangstange, nicht die des fensters.

für ein bleistiftfaltenband, wie hier verwendet, sollte
der vorhangstoff zweieinhalbmal breiter sein als die
gewünschte fertige vorhangbreite plus jeweils 1 cm
nahtzugabe an den seiten (für den abgebildeten vorhang
habe ich für jede seite drei stoffbahnen zur benötigten
größe aneinandergenäht).

länge des vorhangs
ich habe den vorhang weit bis auf den boden hängen
lassen, damit der dort in weichen falten liegt. dies hat
zwei vorteile: erstens sieht das schick aus und zweitens
(noch wichtiger) kann nichts passieren, falls sie vielleicht
falsch gemessen haben und der vorhang zu kurz geworden wäre. nachdem sie das maß von der vorhangstange
bis zum boden gemessen haben, rechnen sie 25 cm für
die bodenfalten und den saum dazu.

der futterstoff
dieser soll 18 cm kürzer und 6 cm schmaler sein als der
hauptstoff.

das gardinenband
es muss so lang sein wie die breite des vorhangstoffs
plus ca. 5 cm, um die enden etwas nach innen einschla-
gen zu können (siehe Seite 84).

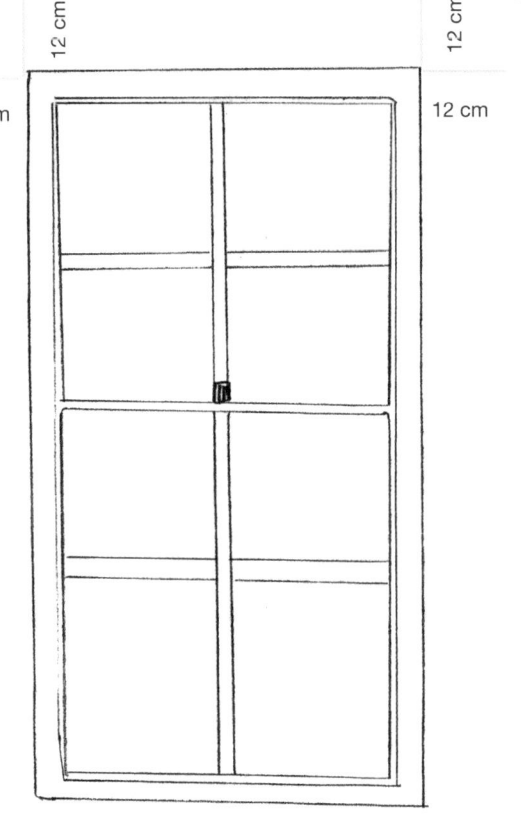

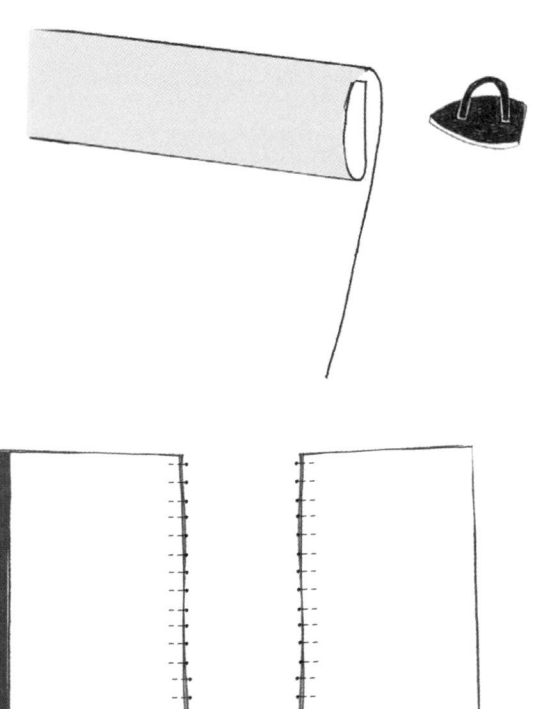

den vorhang nähen.

falten und bügeln sie an der unterkante des futterstoffs einen 1 cm breiten saum zur linken stoffseite um. wiederholen sie dies, damit die offene stoffkante verborgen ist. bügeln sie. stecken und nähen sie den saum. setzen sie rückstiche an anfang und ende, um die naht zu sichern. stecken sie futterstoff und hauptstoff rechts auf rechts und nähen sie eine der seitennähte mit 1 cm nahtzugabe zusammen, setzen sie wieder rückstiche an anfang und ende, um die naht zu sichern. wiederholen sie dies an der anderen seite des vorhangs, sodass sich eine riesige röhre ergibt. bügeln sie die nahtzugaben auseinander. wenden sie die vorhangröhre auf rechts.

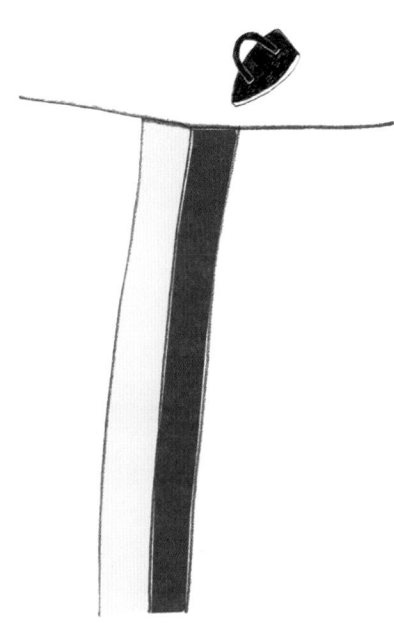

2 cm   2 cm

den vorhang bügeln.

bügeln sie den vorhang mit der futterseite nach oben. achten sie darauf, dass der futterstoff mittig liegt und der hauptstoff an beiden seiten gleich weit übersteht. der hauptstoff sollte rechts und links des futters jeweils ca. 2 cm breit zu sehen sein.

1 cm

den vorhang säumen.

falten sie entlang der oberkante des vorhangs einen 1 cm breiten saum nach innen zur linken stoffseite um. streichen sie die beiden kanten glatt und legen sie sie genau aufeinander, damit sie eine saubere nahtkante ergeben. stecken sie die lagen aufeinander und heften sie sie von hand zusammmen (diese stiche werden später wieder entfernt).

das gardinenband feststecken.

legen sie das bleistiftfaltenband 1 cm unterhalb der oberkante auf den futterstoff und lassen sie an jedem ende 2,5 cm überstehen. stecken sie das band an seiner ober- und unterkante fest. wenn sie zwei vorhangteile nähen, müssen sie jetzt entscheiden, welche kante jeweils zur mitte weist (also die kanten, die beim zuziehen eines vorhangs zusammentreffen). an der innenkante ziehen sie von der unterseite des bandes mithilfe der scherenspitze drei schlaufen des zugbandes von ober- und unterkante heraus. verknoten sie diese zugbänder gemeinsam auf der innenseite. falten sie das ende des bandes nach innen, sodass der knoten nicht sichtbar ist und stecken sie es fest. an der außenkante des bandes, auf der vorderseite des überstehenden endes, ziehen sie ebenfalls die zugschnüre heraus. verknoten sie diese fest miteinander (diese enden müssen greifbar sein, damit sie später den vorhang raffen können). falten sie das ende des bandes nach innen und stecken sie es fest.

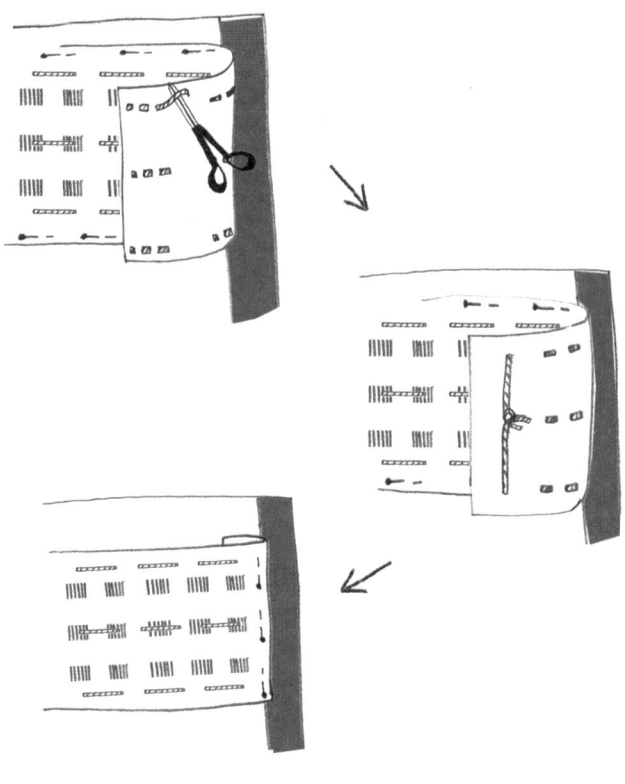

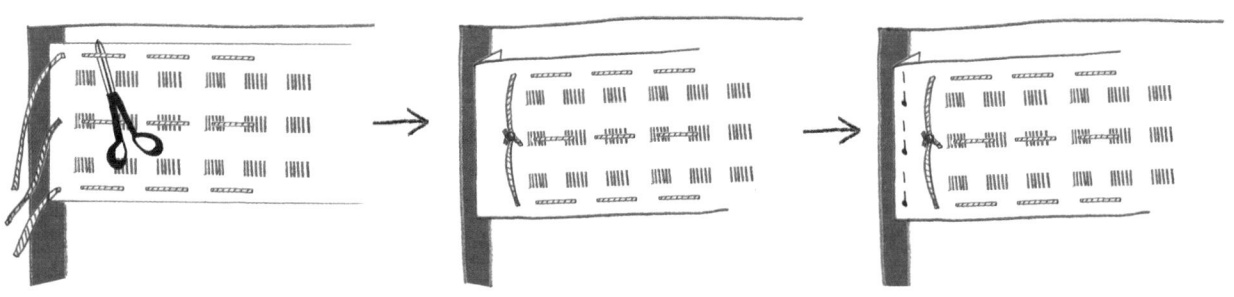

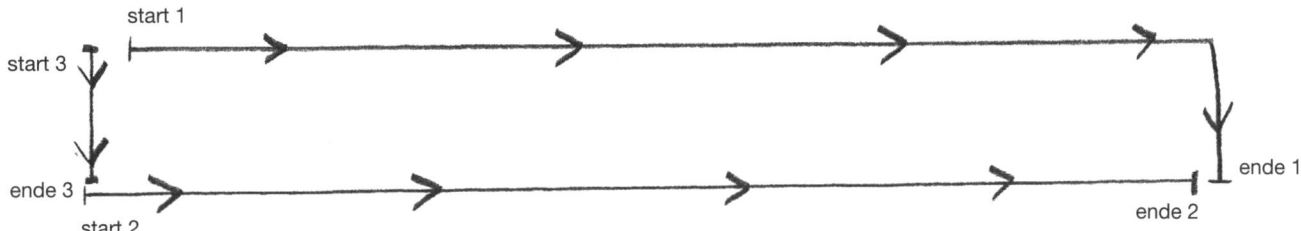

das gardinenband annähen.

wenn sie das gardinenband annähen, muss der vorhang absolut glatt liegen. nähen sie auf keinen fall über ein zugband. am besten beginnen sie an der oberen linken ecke, 2,5 cm weit innerhalb der kante, nähen sie so knapp am rand wie möglich. nähen sie bis an die rechte ecke, drehen sie die arbeit um 90° und nähen sie an der rechten kurzen kante entlang nach unten. setzen sie rückstiche an anfang und ende, um die naht zu sichern. schneiden sie das fadenende ab. beginnen sie an der linken unteren ecke und nähen sie an der unterkante des bandes nach rechts wie zuvor. setzen sie rückstiche an anfang und ende der naht und schneiden sie das faden-ende ab. nähen sie zum schluss die linke kurze kante des bandes fest. entfernen sie die heftfäden von der vorhang-oberkante.

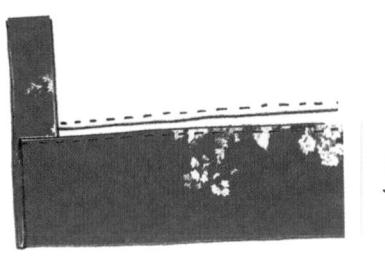

den vorhang säumen.

falten sie entlang der unterkante des vorhangs 1 cm der kante rundum nach innen. falten sie noch einmal 4 cm nach innen, sodass die offene stoffkante verborgen ist. bügeln sie sie. stecken und nähen sie den saum. setzen sie rückstiche an anfang und ende, um die naht zu sichern.

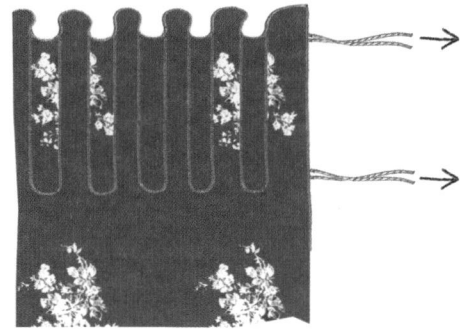

den vorhang raffen.

die falten erhalten sie, indem sie das geknotete ende der zugschnüre festhalten und den stoff zusammenschieben, bis er die benötigte breite hat (in diesem fall ist das etwas mehr als die hälfte der vorhangstange, sodass sich die kanten in der mitte treffen, sobald der vorhang zugezogen ist). vertei-len sie die falten gleichmäßig. hier sind zwei paar hände hilf-reich, besonders, wenn es sich um große vorhänge handelt.

die vorhangringe einhängen.

hängen sie die vorhangröllchen in gleichmäßigen abständen in das gardinenband ein. befestigen sie die auf der vorhang-stange vorbereiteten holzringe an den röllchen.

das ganze noch einmal.

wenn sie zwei vorhangteile nähen, wiederholen sie diese an-leitung für den zweiten vorhang.

gartenkissen.

sie brauchen

2 rechtecke mittelschweres leinen für die kissenflächen, 48 x 62 cm.

2 streifen mittelschweres leinen für die seitlichen flächen, 48 x 7 cm.

2 streifen mittelschweres leinen für die seitenflächen vorn und hinten, 48 x 7 cm.

1 kräftigen reißverschluss, 46 cm lang.

250 cm kontrastfarbenen keder (nach belieben).

8 knöpfe (ideal sind 2 cm durchmesser).

polsterernadel mit zwei spitzen enden.

starkes handnähgarn.

1 mit federn gefülltes kastenkissen, 46 x 60 x 5 cm.

ob für eine gartenbank, ein picknick auf der terrasse oder an einem steinigen strand – dieses kissen eignet sich hervorragend für das ausruhen an einem schönen sommertag. und wenn es draußen regnet, ist es für drinnen genauso bequem.

den reißverschluss einsetzen.

nähen sie den reißverschluss in eines der seitenteile wie folgt: halbieren sie den stoff der länge nach und falten sie an jeder langen innenseite einen 1 cm breiten saum zur linken stoffseite um. bügeln und stecken sie diesen fest. dann arbeiten sie weiter, wie auf seite 22–23 beschrieben.

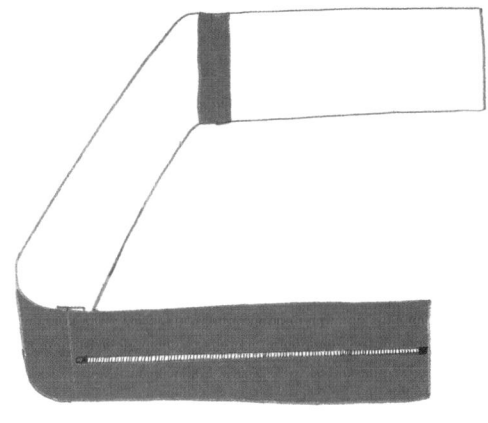
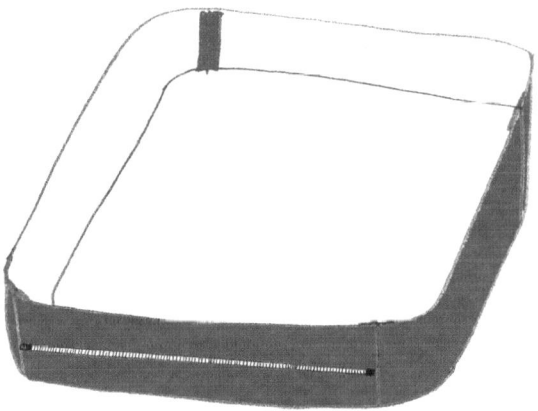

die seitenflächen nähen.

schließen sie den reißverschluss im rückwärtigen seitenteil. stecken und nähen sie die kurzen kanten der seitlichen teile rechts auf rechts mit 1 cm nahtbreite an die beiden kurzen kanten des rückwärtigen teils. bügeln sie die nahtzugaben auseinander. wiederholen sie dies mit dem vorderen seitenteil. sie haben nun eine weiche eckige form für die seitenflächen des kissens genäht.

den keder anfügen.

wenn sie einen kederstreifen einfügen, so wie ich das bei dem abgebildeten kissen getan habe, heften sie diesen um alle kanten auf der linken stoffseite der kissenoberfläche und der kissenunterseite. folgen sie der anleitung auf seite 21.

ober- und unterseite zusammensetzen.

stecken sie die unterkanten der seitenflächen rechts auf rechts auf das bodenteil des kissens. ich finde es einfacher, an der rückseite zu beginnen und rundum zu arbeiten. ich setze die stecknadeln nach und nach und achte darauf, dass die ecknähte auf die ecken treffen. folgen sie den hinweisen auf seite 18 bezüglich der kastennähte. nähen sie den seitenstreifen mit einer durchgehenden, 1 cm breiten naht ein. setzen sie rückstiche an anfang und ende, um die naht zu sichern. (jetzt öffnen sie den reißverschluss, damit sie das kissen später durch die öffnung wenden können.) wiederholen sie dies mit der oberseite des kissens und der oberkante der seitenflächen. wenden sie das kissen und bügeln sie die nähte (die kante des bügelbretts ist dabei hilfreich).

das kissen ausstopfen.

schieben sie das federkissen ein und schieben sie es bis in alle ecken.

die knöpfe aufnähen.

dieser arbeitsschritt ist etwas schwierig. sie brauchen also geduld und stellenweise sogar sehr viel kraft. zeichnen sie mit schneiderkreide vier punkte in gleichmäßigen abständen auf die oberseite des kissens. fädeln sie in die polsterer- nadel einen guten meter festes garn ein. sichern sie den faden am ersten punkt mit einigen rück- stichen. schieben sie die nadel senkrecht durch das kissen bis zur unterseite und ziehen sie den faden nach. stechen sie durch ein loch des unteren knopfes, beim danebenliegenden loch wieder zurück und an der gleichen stelle wieder zur oberseite. ziehen sie den faden so fest wie möglich an, sodass der untere knopf in einer delle liegt. der trick ist nun, den knopf fest an der stelle zu halten, während sie auf der oberseite den gegenknopf annähen. dieser soll die gleiche delle formen wie der untere. halten sie also den unteren knopf sehr fest. haben sie geduld, die richtigen einstichlöcher zu finden. wenn sie das geschafft haben, stechen sie vier- oder fünfmal auf und ab. dann sichern sie das fadenende unter dem ersten knopf mit einigen rückstichen. wickeln sie das fadenende unterhalb des knopfes herum, vernähen sie es und schneiden sie es dann ab. wiederholen sie dies mit den anderen drei im kissen versenkten knöpfen.

nach all der mühe dürfen sie auf dem fertigen kissen im garten sitzen und ein glas kalten eistee mit frischen früchten genießen.

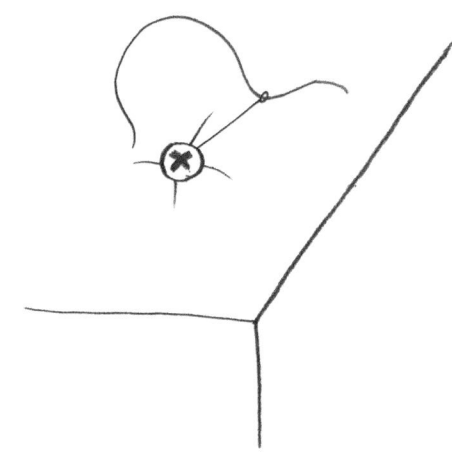

für das **schlafzimmer**

kissen mit keder.

sie brauchen

1 großes blatt papier, mindestens 50 x 50 cm.

bleistift und ein stück schnur.

2 kreise aus mittelfestem baumwollstoff, 48 cm durchmesser.

1 kräftigen reißverschluss, 48 cm lang.

1 rundes federkissen, 46 cm durchmesser.

kontrastfarbenen kederstreifen, knapp 2 m lang.

ein kederstreifen veredelt jedes kissen und ist weniger kompliziert einzunähen, als sie vielleicht denken. mit ein wenig übung erheben sie ein einfaches kissen in den adelsstand. hier habe ich einen naturweißen streifen benutzt, denn durch den farbkontrast wird die schön bedruckte kissenfläche vorteilhaft betont. ich habe ein rundes und ein eckiges kissen genäht, beide entstehen auf die gleiche weise.

die schablone herstellen.

wenden sie einen alten trick an und binden sie einen bleistift an ein stück schnur. messen sie die länge der schnur ab (halber durchmesser des gewünschten kreises). halten sie das ende der schnur mit einer hand in der mitte des papiers fest und ziehen sie mit der anderen hand die schnur straff. zeichnen sie mit dem bleistift einen vollen kreis. schneiden sie diesen aus und benutzen sie ihn als schablone für die beiden stoffkreise.

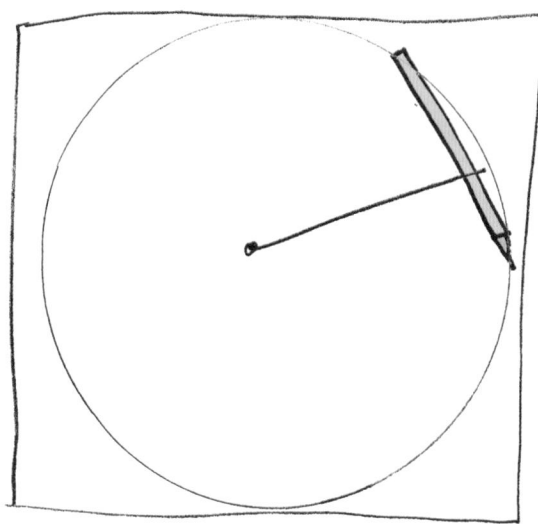

den kederstreifen anfügen.

stecken und heften sie den streifen auf die rechte stoffseite eines der kreise. folgen sie der anleitung von seite 21.

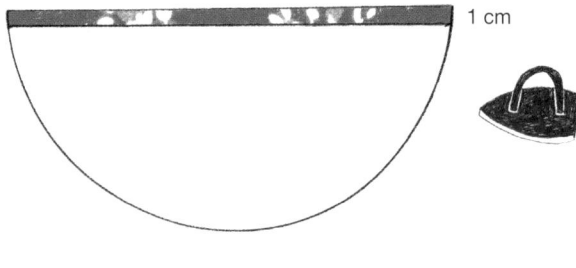

1 cm

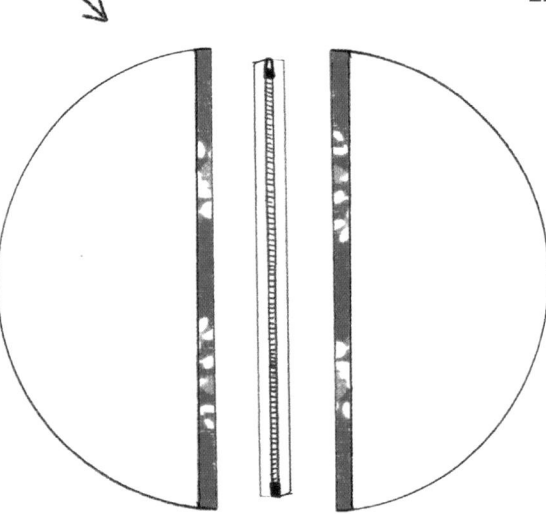

den reißverschluss einsetzen.

teilen sie den zweiten stoffkreis quer durch die mitte in zwei hälften. falten sie an beiden geraden kanten jeweils einen 1 cm breiten saum zur linken seite um und bügeln sie diesen. folgen sie den hinweisen auf den seiten 22–23 und nähen sie den reißverschluss ein.

die flächen aufeinandernähen.

legen sie die beiden vorbereiteten kreise
rechts auf rechts, die kanten liegen genau
aufeinander. öffnen sie den reißverschluss
halb, damit sie das kissen später durch
die öffnung wenden können. stecken
und nähen sie rund um die kante. der fuß
der nähmaschine sollte rechts, knapp
neben dem keder entlanglaufen, damit
sie den keder eng und sauber festnähen.
wenn sie das schwierig finden, lassen sie
sich zeit und üben sie zuerst an einem
stoffrest, bis sie den dreh raus haben.
alternativ dazu gibt es einen äußerst hilf-
reichen, speziellen kederfuß, der natürlich
nicht zwingend nötig ist. ich behelfe mich
mit dem üblichen reißverschlussfüßchen.

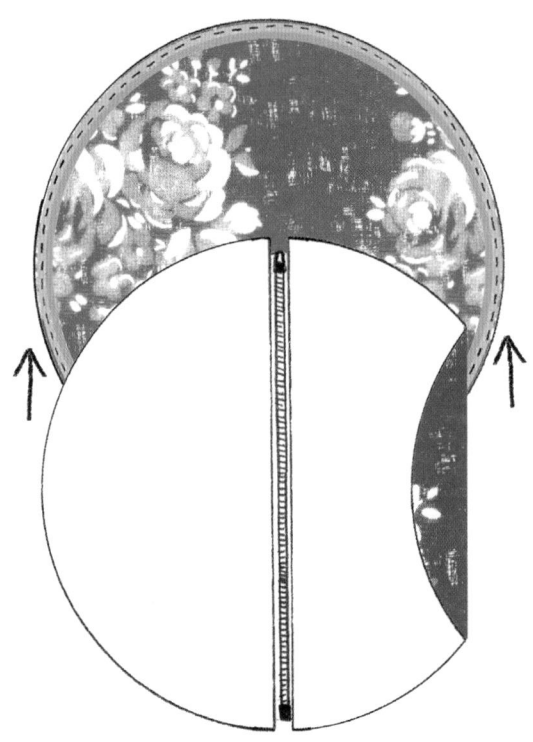

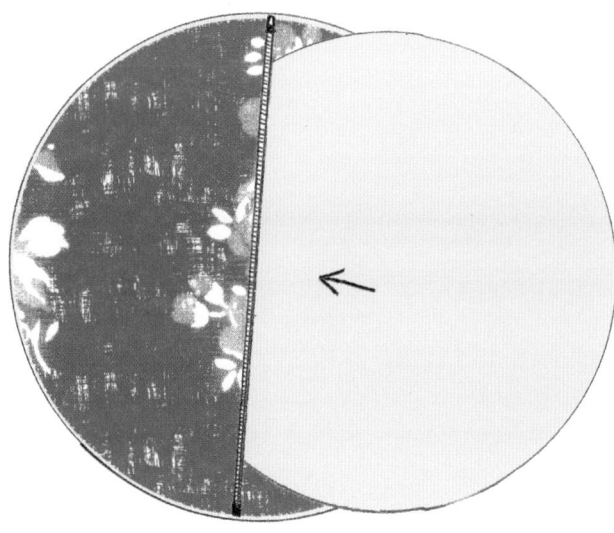

das kissen füllen.

wenden sie die kissenhülle auf
rechts und schieben sie das
runde federkissen hinein.

für ein eckiges kissen.

diese methode funktioniert bei allen
kissenformen, egal ob quadratisch,
rechteckig oder sogar dreieckig,
wenn sie das möchten. es ist nur
an den ecken etwas kniffeliger,
aber solange sie den keder vorab
festheften, sich an den ecken zeit
lassen und sich konzentrieren, ist
alles möglich. und wie bei allem im
leben gilt auch hier: übung macht
den meister!

wärmflaschenhülle.

sich an einem kalten wintertag in ein federbett zu kuscheln, dazu ein gutes buch und einen becher kakao und die füße gegen eine heiße wärmflasche gedrückt – was gibt es schöneres?

sie brauchen

mitteldicken baumwollstoff für die außenseite (ich habe einen alten weichen baumwollvorhang verwendet), 1 vorderteil und 2 rückseitenteile nach vorlage zugeschnitten (siehe seite 142).

beidseitig aufbügelbares polyestervlies für die wattierung, rundum 2 cm kleiner als die außenseiten, 1 vorderteil und 2 rückseitenteile nach vorlage zugeschnitten (schablonen seite 142).

dünnen baumwollstoff (nessel ist ideal) für das innenfutter, 1 vorderseite und 2 rückseitenteile nach vorlage zugeschnitten (seite 142).

1 m schrägstreifen, 2,5 cm breit.

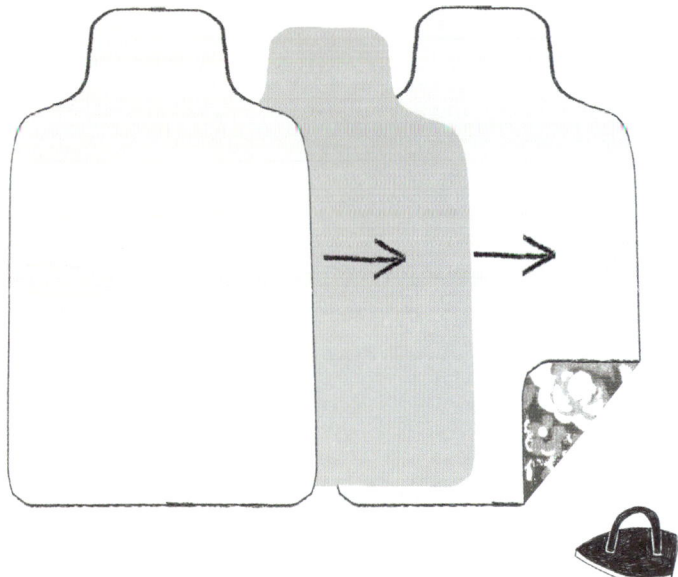

stoffteile und vlies aufeinanderkleben.

legen sie die äußere vorderseite mit der rechten seite nach unten auf das bügelbrett. legen sie das vordere vlies- teil darüber und dann das vordere futter- teil. bügeln sie das sandwich mit dem heißen bügeleisen, sodass das vlies zwischen die stofflagen geklebt wird. wiederholen sie dies bei den rück- seitenteilen.

den schrägstreifen annähen.

schneiden sie zwei stücke schrägstreifen etwas breiter als die breite der rückseite zu. falten sie die streifen der länge nach und legen sie sie über die beiden geraden kanten der rückseitenteile. stecken sie sie fest. nähen sie die schrägstreifen an und fassen sie alle drei lagen (siehe auch seite 20). setzen sie rückstiche an anfang und ende, um die naht zu sichern.

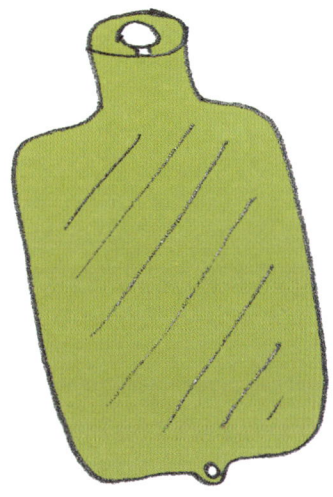

die teile zusammennähen.

legen sie das obere rückseitenteil rechts auf rechts auf das vorderteil. dann breiten sie das untere rückseitenteil mit der rechten seite nach unten überlappend darüber, alle außenkanten liegen genau aufeinander. stecken sie durch alle lagen. beginnen sie an der unterkante und nähen sie mit 2 cm nahtzugabe um alle kanten. nähen sie an den eingefassten kanten einige male auf und ab, um die naht an diesen stellen besonders zu verstärken. setzen sie rückstiche an anfang und ende, um die naht zu sichern.

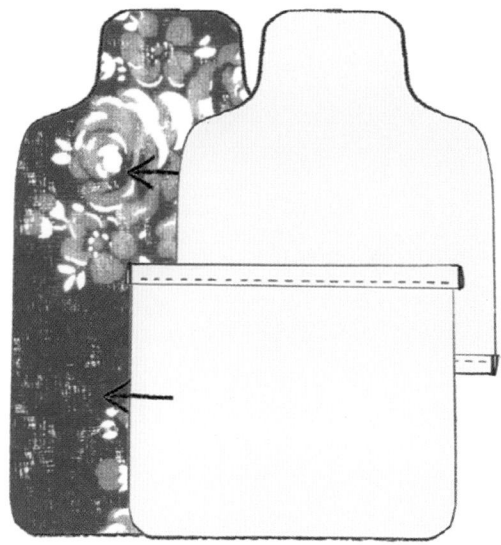

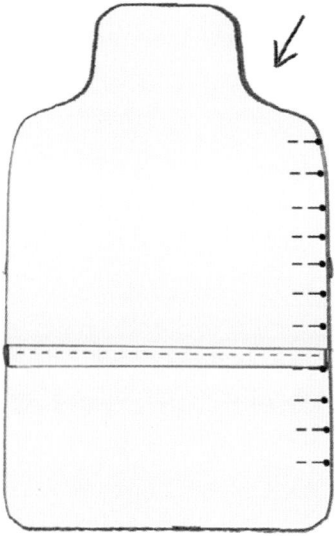

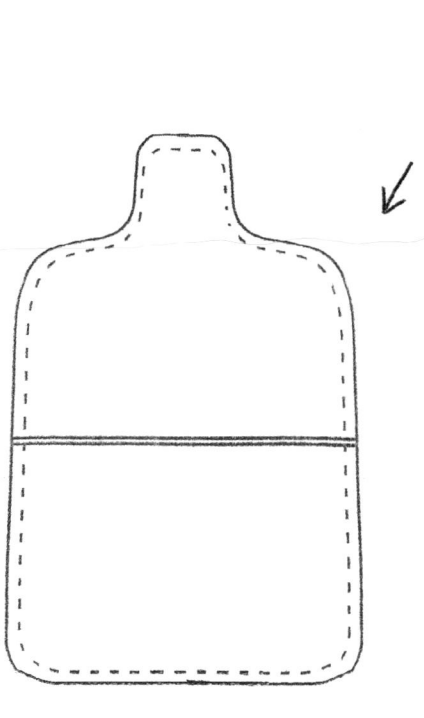

die wärmflasche einschieben.

wenden sie die wärmflaschenhülle auf rechts und drücken sie alle ecken nach außen. stellen sie den wasserkessel auf und füllen sie ihre wärmflasche. schieben sie sie in die hülle.

hmm, das tut gut!

kissen mit applikation.

sie brauchen

2 kreise aus mittelfestem stoff (ich habe hier leinen gewählt) für die außenseite, 52 cm durchmesser (siehe seite 93 zum herstellen der schablone).

eine auswahl von gemusterten und farbigen stoffen für die applikation.

1 rundes federkissen, 50 cm durchmesser.

1 stück aufbügelbares haftvlies (in kurzwaren- oder patchworkläden erhältlich).

stoffmalkreiden (nach belieben).

1 kräftigen reißverschluss, 50 cm lang.

baumwoll-bügeltuch zum bügeln.

dieses projekt ist etwas für künstlerisch ambitionierte näherinnen – lassen sie ihre fantasie spielen und schaffen sie ihre persönliche collage. bei dem hier gezeigten kissen habe ich frei hand mit stoffmalstiften gezeichnet, mit denen man ganz wunderbar auf einem stoff herumkritzeln kann. die linien werden anschließend mit dem bügeleisen fixiert. ich mag die kombination von naiven skizzen auf antikem leinen. natürlich können sie auch nur applizieren und diese linien mit stickerei ausführen. selbst ein einzelner streifen oder nur ein applizierter fleck wirkt gut.

das muster skizzieren.

hier kommt ihre kreativität zum zuge. wenn sie sich für ein motiv entschieden haben, kann die applikation einfach gehalten oder sehr komplex werden, ganz wie sie möchten. falls sie die applikation mit zeichenlinien kombinieren, müssen diese zuerst gezeichnet und fixiert werden. wenn sie beim zeichnen nicht hundertprozentig sicher sind, üben sie zuerst auf papier. machen sie kräftige striche, damit sie das papier anschließend unter den stoff legen und die linien durchzeichnen können. wenn sie die linien nicht gut erkennen können, kleben sie das papier gegen die fensterscheibe und legen den stoff darüber. das tageslicht ist in der regel ausreichend. pausen sie das muster mit stoffmalkreiden auf den stoff. fixieren sie die linien mit dem heißen bügeleisen, wie vom hersteller angegeben.

die applikation ausschneiden.

sobald sie sich für die form des motivs entschieden haben, zeichnen sie sie auf papier und schneiden sie aus. legen sie sie umgedreht auf die papierseite des haftvlieses und schneiden sie die form grob aus. dann bügeln sie sie mit der klebeseite nach unten auf die linke stoffseite des gemusterten stoffes. folgen sie dabei den anweisungen des herstellers, denn es gibt von marke zu marke unterschiede. ich lege beim festbügeln immer ein stück baumwollstoff darüber. schneiden sie nun die motive auf der bleistiftlinie aus und nehmen sie die papierschicht ab. legen sie die motive auf die entsprechende stelle der kissenvorderseite. bügeln sie heiß darüber, um die stoffe aufeinanderzukleben.

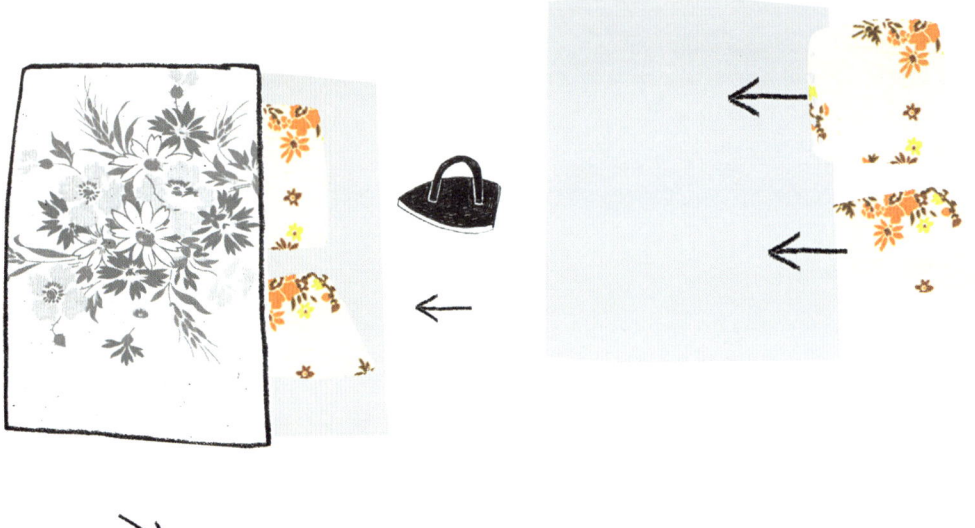

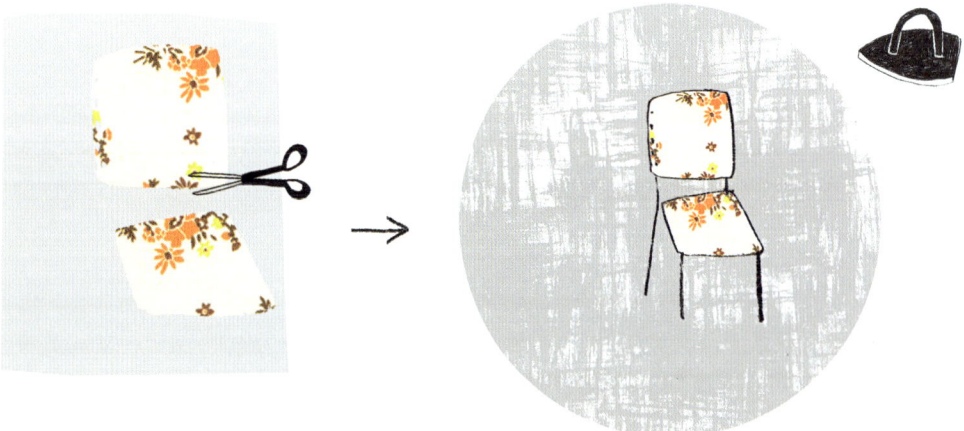

die applikation festnähen.

jede geklebte applikation muss zusätzlich festgenäht werden, bevor sie das kissen fertigstellen. verwenden sie entweder kontrastfarbenes garn oder eines, das farblich unauffällig bleibt, und nähen sie sorgfältig um alle formen. nähen sie dicht an den kanten entlang und setzen sie rückstiche an anfang und ende, um die naht zu sichern.

den reißverschluss einsetzen.

teilen sie den zweiten stoffkreis quer durch die mitte. falten sie an den geraden kanten jeweils 1 cm zur linken stoffseite um und bügeln sie. dann nähen sie einen reißverschluss ein, wie auf den seiten 22–23 beschrieben.

1 cm

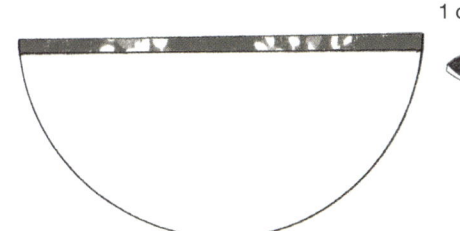

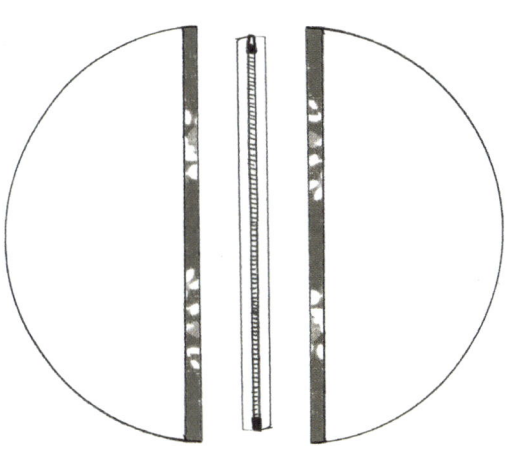

die kissenflächen aufeinandernähen.

legen sie die beiden vorbereiteten kreise rechts auf rechts, sodass die kanten genau aufeinanderliegen. öffnen sie den reißverschluss halb, damit sie das kissen später gut wenden können. stecken und nähen sie mit 1 cm nahtzugabe um die gesamte außenkante. setzen sie rückstiche an anfang und ende, um die naht zu sichern. schneiden sie die kanten der nahzugabe mit der zackenschere nach. wenden sie die kissenhülle auf rechts und bügeln sie sie. stopfen sie das runde federkissen hinein.

fertig!

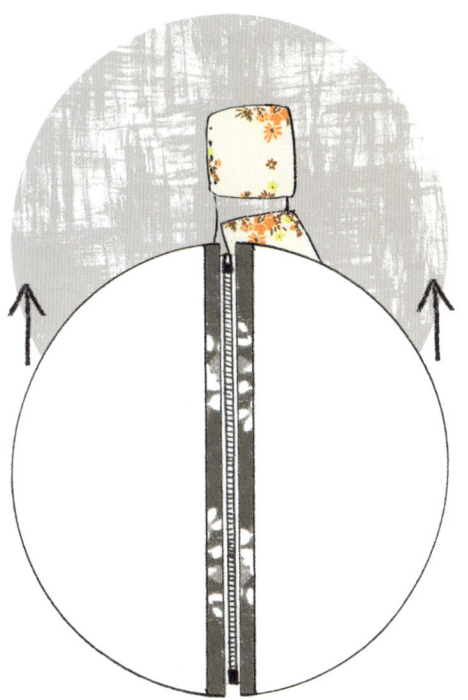

kleiderbügelbezüge.

sie brauchen

2 teile dünnen bis mitteldicken stoff aus baumwolle oder seide, nach vorlage zugeschnitten (siehe seite 140).

1 drahtkleiderbügel.

es gibt kaum lästigeres, als drahtkleiderbügel, die sich verhaken. außerdem sind sie nicht besonders geeignet, ihre beste garderobe, wie z. b. seidenkleider, zu schonen. diese kleinen mäntelchen sind leicht zu nähen, unglaublich praktisch und dabei noch hübsch. sie halten ihren kleiderschrank in ordnung und verleihen gewöhnlichen kleiderbügeln etwas besonders. außerdem sind sie gut dazu geeignet, viele stoffreste aufzubrauchen.

die stoffteile säumen.

falten sie an der geraden, unteren kante 5 mm nach innen und bügeln sie sie. wiederholen sie dies ein zweites mal, um die stoffkante zu verbergen. stecken sie den saum fest. machen sie dies am zweiten stoffteil ebenso. bügeln sie die säume und nähen sie dicht entlang der gebügelten innenkante. setzen sie rückstiche an anfang und ende, um die naht zu sichern.

die teile aufeinandernähen.

legen sie die beiden teile rechts auf rechts, die gesäumten kanten liegen aufeinander. beginnen sie an einer der gesäumten ecken und nähen sie von a bis b. setzen sie rückstiche an anfang und ende, um die naht zu sichern. dann nähen sie von c bis d und machen wieder rückstiche an anfang und ende.

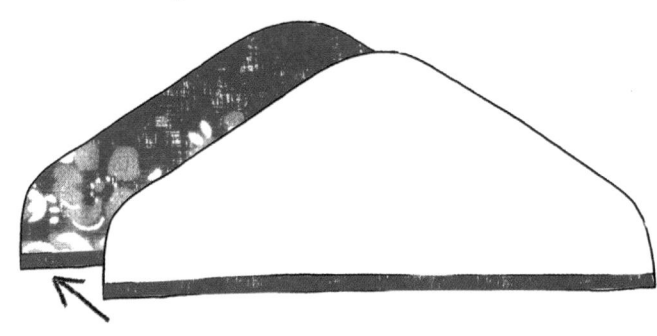

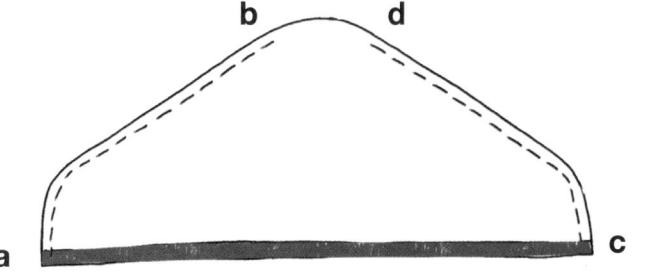

den kleiderbügel überziehen.

wenden sie den überzug auf rechts und bügeln sie ihn. schieben sie den kleiderbügel von der unterkante her hinein und führen sie den haken durch das loch in der oberen mitte nach außen. schließen sie die öffnung am haken mit einigen stichen von hand.

kleidersack.

sie brauchen

wachstuch, 150 x 150 cm sind
reichlich, nach vorlage zugeschnitten
(schablonen auf seite 141). schneiden
sie 2 teile zu.

1 kräftigen reißverschluss, 110 cm
lang.

1 stück baumwollstoff für das reißverschlussende, etwa 3 x 4 cm.

1 drahtkleiderbügel (ideal mit überzug,
siehe seite 104–105).

1 stück baumwollstoff für die schlaufe
am zipper, etwa 4 x 10 cm.

3 m schrägstreifen, 2,5 cm breit.

haben sie die nase voll von reiseklei-
dung, die zerknittert und zerknautscht
aus dem koffer kommt? nun, dieser
kleidersack ermöglicht es ihnen, nicht
nur kleider, sondern auch anzüge,
kostüme, blusen und edle pullover
zu transportieren. und selbst wenn sie
nirgendwo hinfahren, können
sie damit ihre feine garderobe im
schrank geschützt aufbewahren.

die schlaufe nähen.

falten sie beide längskanten des stoffstreifens je 1 cm zur linken seite um und
bügeln sie. dann falten sie den streifen
mittig der länge nach, sodass die beiden
umgeschlagenen langen kanten aufeinanderliegen. bügeln sie darüber und stecken
sie die stoffe aufeinander fest. nähen sie
an der offenen seite so knapp wie möglich
entlang. setzen sie rückstiche an anfang
und ende der naht. nähen sie auch an der
gegenüberliegenden seite knappkantig
entlang.

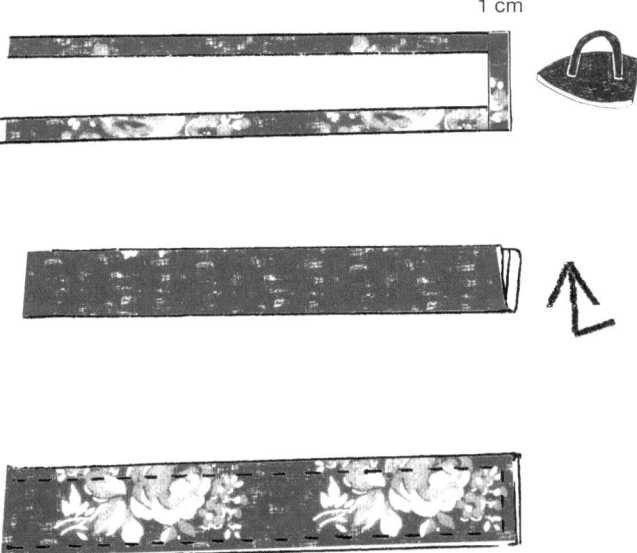

1 cm

den schrägstreifen annähen.

falten sie die vorderseite der länge nach zur hälfte und schneiden sie sie an dieser linie auseinander. falten sie den schrägstreifen der länge nach und bügeln sie ihn (siehe seite 20). beginnen sie an der unteren geraden kante und stecken sie den schrägstreifen auf der langen kante fest. nähen sie den schrägstreifen fest. wiederholen sie dies an der anderen hälfte der vorderseite.

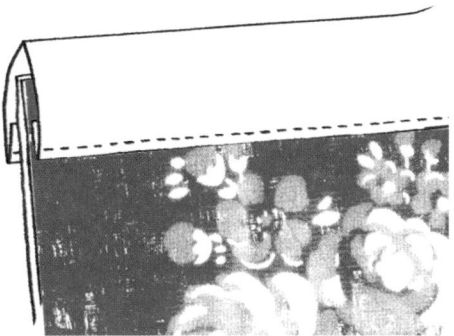

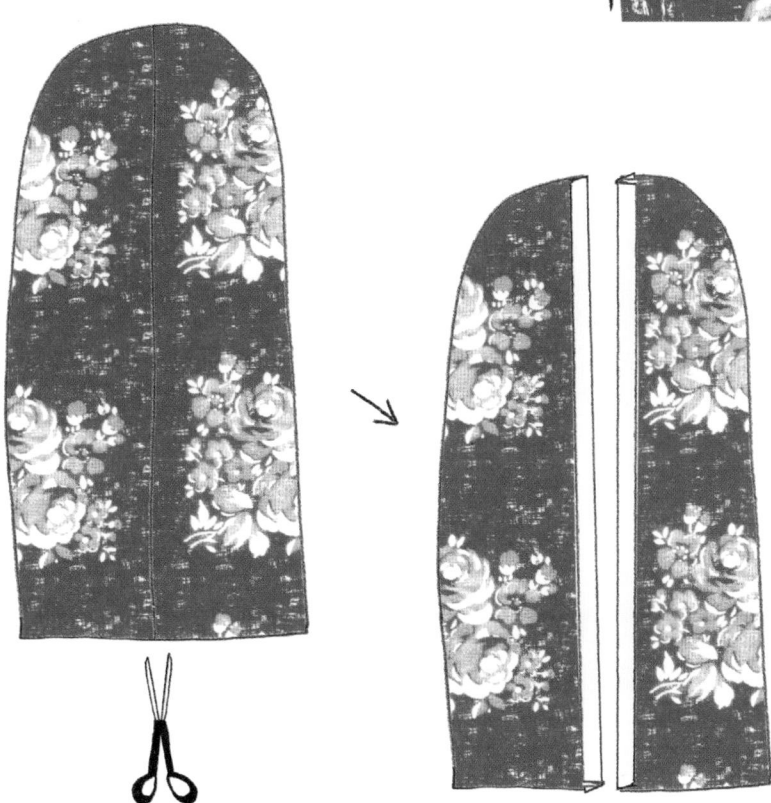

ein reißverschlussende ansetzen.

bevor sie den reißverschluss einnähen, sollten sie ein kleines stoffstück an das ende nähen. legen sie das kleine stoffstück rechts auf rechts auf das untere ende des reißverschlusses und nähen sie mit 1 cm nahtzugabe darüber. falten sie den stoff um das ende des reißverschlusses herum und schlagen sie auf der unterseite 1 cm naht um. falten sie die seitenkanten des stoffes nach innen. nähen sie knapp rechts der zuvor genähten naht entlang, um den stoff zu befestigen.

den reißverschluss einnähen.

nähen sie den reißverschluss zwischen die beiden vor-
derkanten. das offene ende des reißverschlusses muss
nach unten weisen, das geschlossene ende liegt an der
oberkante. stecken sie den reißverschluss an beiden
seiten fest. er sollte 10 cm oberhalb der unterkante
enden. nähen sie den reißverschluss ein, wie auf seite 23
beschrieben.

die teile aufeinandernähen.

legen sie das vorderteil und die rückseite rechts auf
rechts an allen kanten bündig aufeinander. die beiden
flächen aus wachstuch können etwas aufeinander haften,
und so wird es eine weile dauern, bis sie genau aufeinanderliegen. öffnen sie den reißverschluss ein stück weit,
um den kleidersack später wenden zu können. stecken
sie alle kanten aufeinander fest. falten sie die vorbereitete
schlaufe quer und schieben sie die enden in die mitte
der unterkante, die schlinge liegt innen und die offenen
kanten auf den kanten des sacks. nähen sie rundum
mit 2 cm nahtzugabe. setzen sie rückstiche an anfang
und ende, um die naht zu sichern. schneiden sie mit der
zackenschere an den kanten der nahtzugaben entlang.

den kleiderbügel einsetzen.

wenden sie den kleidersack auf
rechts. schieben sie den sack über
den kleiderbügel und führen sie
den haken durch die öffnung an der
oberkante hindurch, dort, wo der
reißverschluss beginnt.

nun können sie ihre besten kleider
problemlos transportieren. ich empfehle eine wochenendreise, um den
kleidersack zu testen.

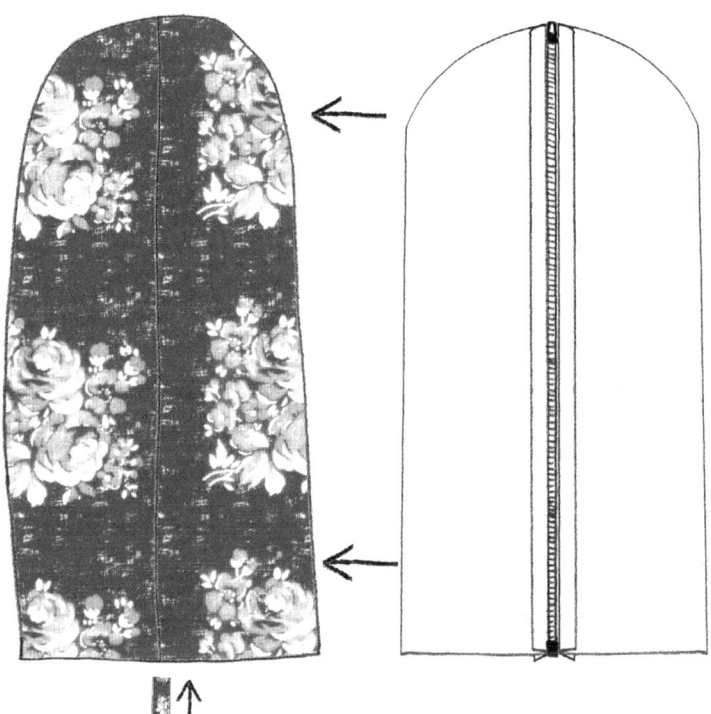

kissen mit falten.

sie brauchen

1 großes blatt papier oder zeitungspapier, mindestens 50 x 50 cm.

bleistift und ein stück schnur.

1 rechteck mittelschwere baumwolle, 50 x 150 cm, für die oberseite mit den falten.

1 quadrat mittelfeste leinwand oder baumwolldrillich, ca. 50 x 50 cm, für die rückseite.

1 kräftigen reißverschluss, 50 cm lang.

baumwollstoff für das reißverschlussende, 3 x 4 cm.

schneiderkreide.

das falten nähen ist eine unkomplizierte nähtechnik, mit der sie verblüffend elegante ergebnisse erzielen können. falten brauchen ihre zeit, aber wenn sie durchhalten, ist das nähen bald ganz einfach und macht spaß.

sie können unzählige variationen von falten nähen. größe, breite und oberfläche können jeweils unterschiedlich sein, was auch von der stoffstärke abhängig ist. je dünner der stoff, desto feinere fältchen können sie nähen, während größere und auffallende falten aus herrlich festem leinen und antiken baumwollstoffen entstehen können. hier habe ich wildseide benutzt, die einen schönen glanz hat und mit der gut umzugehen ist. das ergebnis ist leuchtend und mit prächtiger oberfläche.

die schablone herstellen.
dies geht am einfachsten mit einem alten trick. binden sie einen bleistift an ein stück schnur. messen sie die länge der schnur ab (der halbe durchmesser des gewünschten kreises). halten sie das ende der schnur mit einer hand in der mitte des papiers fest und ziehen sie mit der anderen hand die schnur straff. zeichnen sie mit dem bleistift einen vollen kreis. schneiden sie diesen aus und legen sie ihn beiseite. sie brauchen ihn später, um die stoffstücke rund zuschneiden zu können.

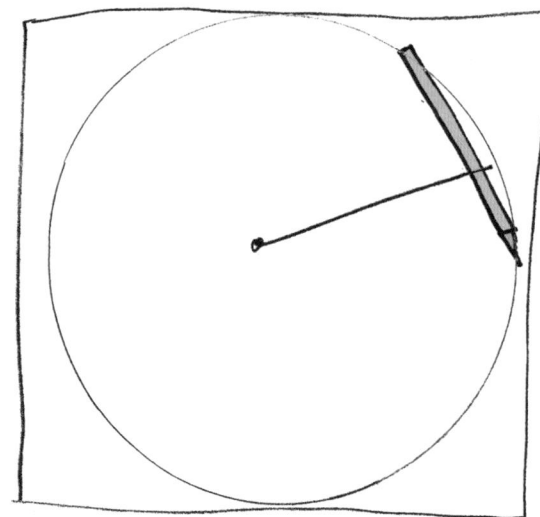

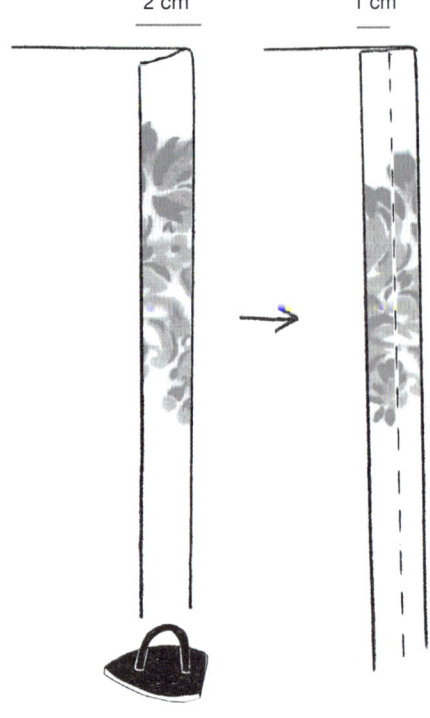

2 cm   1 cm

die faltenfläche herstellen.

sie benötigen ihr bügeleisen und das bügelbrett in der
nähe ihrer nähmaschine. beginnen sie an der linken kante
des vorderteils. falten sie den stoff 2 cm weit um und
bügeln sie. nähen sie eine 1 cm breite falte ab. bügeln
sie den stoff von der linken und rechten seite und bügeln
sie die falte flach nach links (dies ist die erste falte von
vielen, die noch folgen). messen sie 2 cm nach rechts
und falten sie die nächste falte entlang dieser linie. nähen
sie mit 1 cm abstand zur kante entlang. bügeln sie den
stoff von hinten und von vorn und legen sie die falte nach
links. bügeln sie sie. wiederholen sie dies, bis der ganze
stoff mit falten bedeckt ist. das braucht seine zeit und
geht immer zwischen bügelbrett und nähmaschine hin
und her, aber bewegung ist ja so gesund.

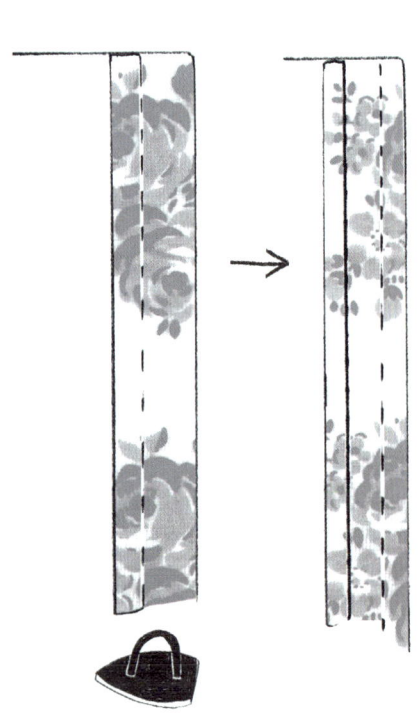

den reißverschluss einsetzen.

teilen sie den rückseitenstoff quer durch die mitte. falten sie an den soeben geschnittenen kanten jeweils einen 1 cm breiten saum zur linken stoffseite um. bügeln sie und stecken sie ihn fest. setzen sie den reißverschluss ein, wie auf seite 23 beschrieben.

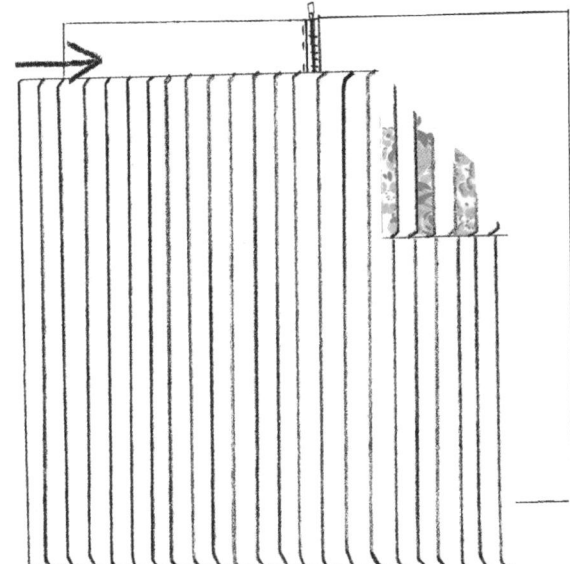

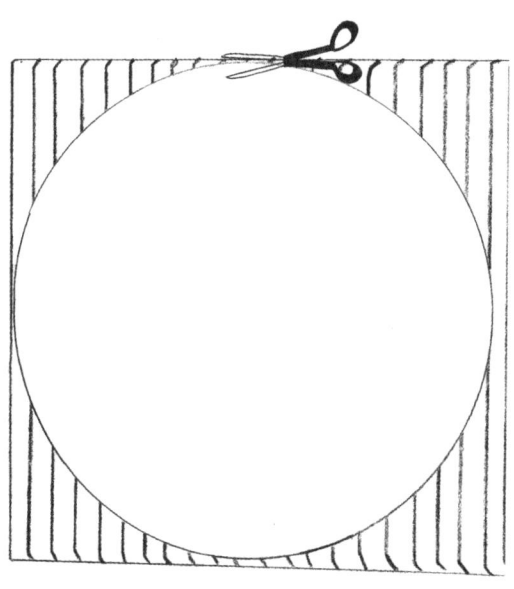

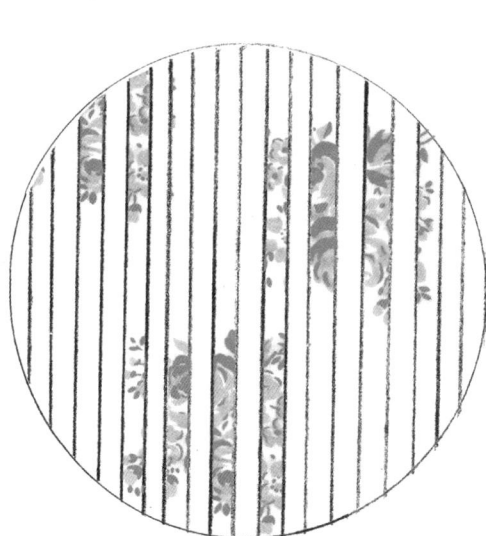

die flächen aufeinandernähen.

legen sie die oberseite kantenbündig rechts auf rechts auf den rückseitenstoff. legen sie die kreisschablone auf und übertragen sie den umriss mit schneiderkreide auf den stoff. öffnen sie den reißverschluss halb, um später die kissenhülle bequem wenden zu können. stecken sie beide lagen knapp innerhalb der kreidelinie aufeinander fest. nähen sie rundum auf der kreidelinie und setzen sie rückstiche an anfang und ende, um die naht zu sichern. schneiden sie den kreis mit 1 cm nahtzugabe aus. damit sich die nahtzugabe weich in die biegung legt, schneiden sie kleine kerben in kurzen abständen ein. wenden sie die kissenhülle und bügeln sie sie. füllen sie ein rundes kissen ein.

hinweis.

es sieht auch gut aus, die abstände zwischen den falten hier und da zu verändern. es ist auch möglich, nur zwei drittel der fläche mit falten zu bedecken und den rest glatt zu lassen. ich habe dies bei dem kissen auf seite 110 so gemacht. wenn sie lieber ein eckiges kissen haben, nähen sie es mit geraden kanten.

tagesdecke.

sie brauchen

2 stücke dupionseide, jedes
137 x 200 cm groß.

1 polyestervlies zur wattierung,
137 x 200 cm (sie werden dafür
evtl. 2 teile zur benötigten größe
zusammensetzen müssen).

leinen für die einfassung,
2 streifen von 24 x 204 cm und
2 streifen von 24 x 141 cm.

schneiderkreide und lineal
(nach belieben).

das gittermuster vorzeichnen.

sie benötigen eine große freie fläche auf dem fußboden.
die decke ist zwar nicht schwer zu nähen, aber sie brauchen viel platz. legen sie die beiden seidenstoffe links auf
links und das vlies dazwischen. sie können jetzt ein gitter
in 10-cm-abständen über die fläche nähen. dies können
sie entweder nach augenmaß tun, was dem ganzen einen naiven look gäbe und was ich bevorzugen würde,
oder sie können die linien genau ausmessen und auf-
zeichnen. verwenden sie dafür die schneiderkreide und
ein lineal.

mit einer tasse heißer
schokolade und der sonn-
tagszeitung in einen quilt
gewickelt – das ist ein
wunderbarer, wenn auch
seltener luxus. in den
wintermonaten schenkt
eine zusätzliche decke
über dem daunenbett die
nötige extrawärme und hält
sie rundum dick und warm
eingemummelt.

das gittermuster nähen.

heften sie die drei lagen von hand aufeinander. arbeiten sie die heftlinien in
abständen von ca. 10 cm längs über die
fläche. nähen sie an den reihen entlang.
wenden sie die decke um 90° und heften
sie in der neuen richtung wieder linien in
10 cm abstand (siehe seite 25 über das
heften und nähen von quiltlinien). nähen
sie mit der nähmaschine an den reihen
entlang. setzen sie rückstiche an anfang
und ende, um die nähte zu sichern. wenn
die schichten von stoff und vlies zu groß
sind, um unter der nähmaschine hindurchgeschoben zu werden, können sie
die lagen auch von hand quilten.

10 cm

die einfassstreifen vorbereiten.

falten sie an den langen
kanten jeweils 1 cm zur
linken stoffseite um und
bügeln sie sie. falten sie an
den kurzen kanten jeweils
2 cm um. dann falten sie
jeden streifen der länge
nach mittig, sodass die
umgebügelten kanten auf-
einanderliegen. bügeln sie
sie.

1 cm

2 cm

die decke einfassen.

beginnen sie mit den beiden langen seiten. legen sie die kanten jeweils in einen der gefalteten streifen. stecken sie sie fest und nähen sie knapp an den gefalteten kanten entlang. setzen sie rückstiche an anfang und ende, um die naht zu sichern.

die decke fertigstellen.

wiederholen sie dies an den kurzen seiten und überlappen sie die streifen an den ecken. stecken sie die streifen an und nähen sie sie knappkantig fest. falten sie die ecken sorgfältig. setzen sie rückstiche an anfang und ende, um die naht zu sichern.

breiten sie jetzt die fertige tagesdecke über das frisch gemachte bett. legen sie kissen dazu, vielleicht auch die aktuelle tageszeitung, und entspannen sie!

für den **hausarbeitsraum**

wäschesack oder vorratsbeutel.

sie brauchen

1 rechteck aus mittelschwerem
baumwollstoff oder leinen
(ich habe mittelfeste, glatt
gewebte baumwolle genommen),
150 x 60 cm.

2 stücke baumwollkordel, jeweils
120 cm lang, als zugschnur.

1 große kräftige sicherheitsnadel.

sammeln sie ihre schmutzwäsche
bis zum waschtag in diesem wunder-
baren, selbst genähten beutel. er ist
auch zum verstauen von einer million
anderer dinge praktisch – für schuh-
creme, babyzubehör, seifenflocken,
socken, unterwäsche und und und ...

die anleitung ist zwar für einen wäschesack
gedacht, doch können sie mit dieser technik
alle möglichen beutel in vielen verschiedenen
größen nähen, je nachdem, wofür sie sie brauchen. verkleinern oder vergrößern sie das maß
proportional.

den tunnel für die zugschnur vorbereiten.

messen sie an den langen seiten von jeder ecke 8 cm nach innen und machen sie dort einen 1 cm tiefen einschnitt für den tunnel.

den tunnel nähen.

falten sie die eingeschnittene kante 5 mm weit nach innen. bügeln sie sie. falten sie noch einmal 5 mm um, um die offene kante zu verbergen. bügeln, stecken und nähen sie die kante. setzen sie rückstiche an anfang und ende, um die naht zu sichern.

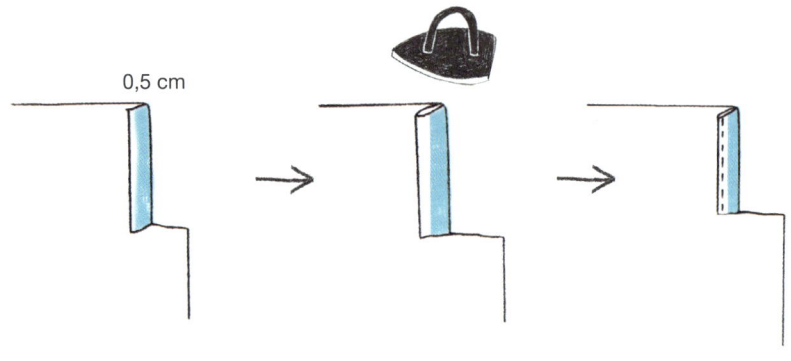

den tunnel fertigstellen.

falten sie entlang der kurzen kanten einen 1 cm breiten saum nach innen. bügeln sie ihn. falten sie jede kurze kante noch einmal so weit nach innen bis die gebügelte kante auf der höhe des einschnittes liegt. nähen sie so knapp wie möglich an der gebügelten kante entlang und setzen sie rückstiche an anfang und ende, um die naht zu sichern.

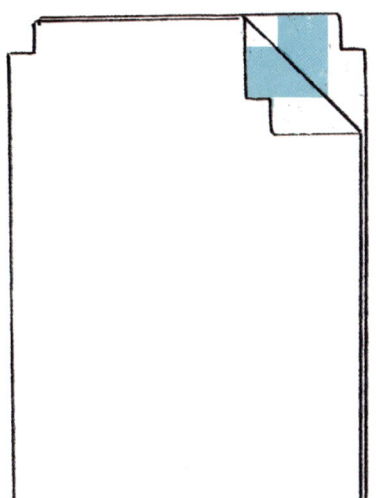
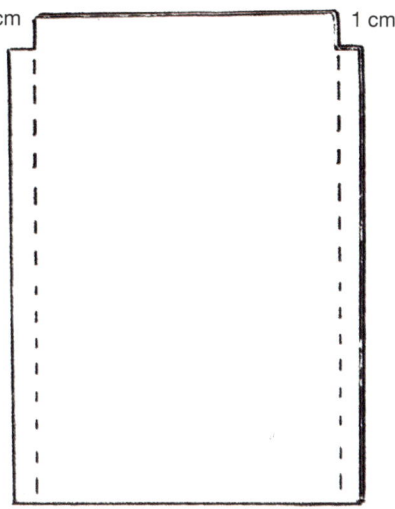

den beutel nähen.

falten sie den stoff quer durch die mitte rechts auf rechts, die offenen kanten liegen aufeinander, wie abgebildet. stecken sie die seitenkanten aufeinander. nähen sie die seiten mit 1 cm nahtzugabe zusammen und schneiden sie die kanten der nahtzugabe mit der zackenschere ab.

den beutel fertigstellen.

wenden sie den beutel auf rechts und bügeln sie die nähte. schneiden sie die kordel in zwei gleich lange teile. ziehen sie mithilfe der sicherheitsnadel beide kordeln durch beide tunnel. danach halten sie alle enden fest und ziehen sie an einem davon, um festzustellen, welches ende zu welcher kordel gehört. verknoten sie jede kordel einzeln. ziehen sie eine der verknoteten kordeln durch den tunnel, bis der knoten an der anderen seite hervorkommt. so ist es supereinfach, den beutel zu schließen, denn sie brauchen nur an den knoten in beide richtungen zu ziehen.

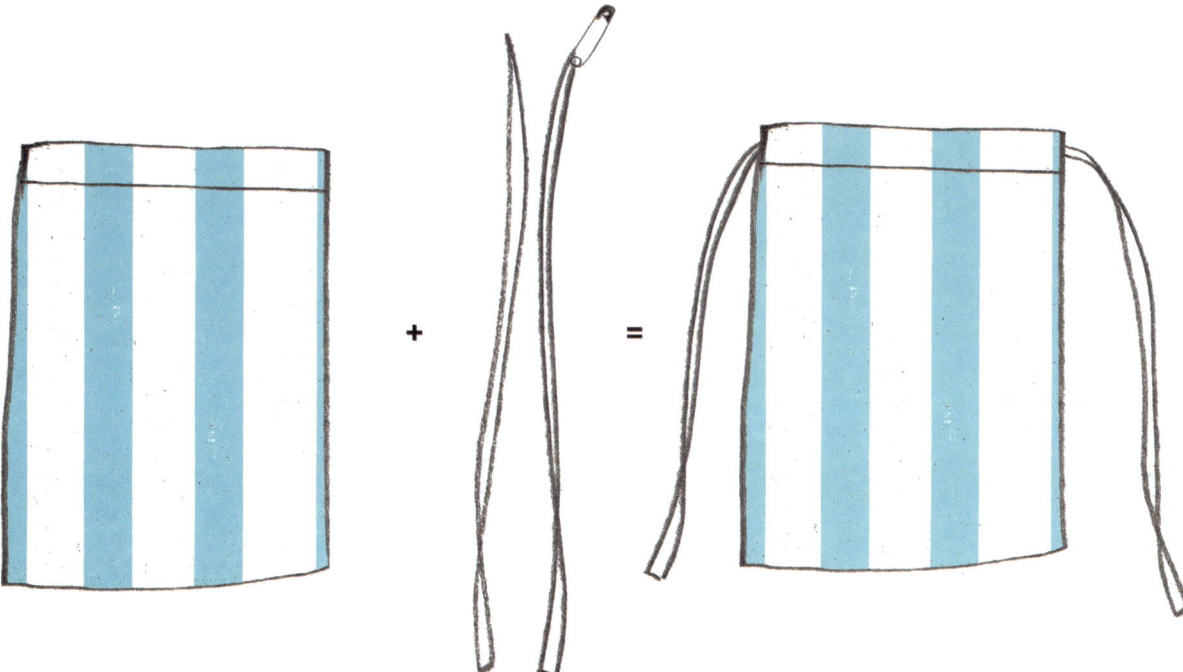

klammerbeutel.

sie brauchen

1 rechteck aus mittelfestem baumwollstoff, 40 x 80 cm.

2 schrägstreifen, jeweils 50 cm lang.

2 baumwollkordeln, jeweils 20 cm lang, für die schlaufen.

1 holzstab mit quadratischem querschnitt, 1,8 x 1,8 x 38 cm.

1 metallhaken (von einem alten kleiderbügel abgeschraubt).

„und sehet den fleißigen waschfrauen zu" ... warum nicht ein waschtag auf die altmodische art mit einem klammerbeutel. ein schöner gestreifter oder geblümter stoff und eine kontrastfarbene einfassung eignen sich gut dafür. und dann müssen es auch echte, hölzerne klammern sein!

den schrägstreifen und das band annähen.
falten sie jeden schrägstreifen der länge nach (siehe seite 20) und stecken sie ihn an die kurzen kanten des stoffes. schieben sie jeweils ein stück kordel mittig darunter. stecken sie den schrägstreifen fest. nähen sie so knapp wie möglich an der umgebügelten kante des schrägstreifens entlang und versuchen sie, gleichzeitig auch die untere kante mitzufassen und die bindekordel anzunähen. nähen sie zur sicherheit mehrmals über die kordel. schlagen sie die enden des schrägstreifens ordentlich ein.

die seitennähte nähen.
falten sie den stoff rechts auf rechts, sodass sich die eingefassten kanten im oberen drittel der fläche gegenüberliegen. stecken und nähen sie die seitennähte mit 1 cm nahtzugabe zusammen. setzen sie rückstiche an anfang und ende, um die naht zu sichern.

den holzstab und den haken hinzufügen.
wenden sie den klammerbeutel auf rechts und bügeln sie ihn. schieben sie den holzstab dicht in die oberkante des beutels. markieren sie die mitte mit schneiderkreide und schrauben sie an dieser stelle den haken durch den stoff in das holz.

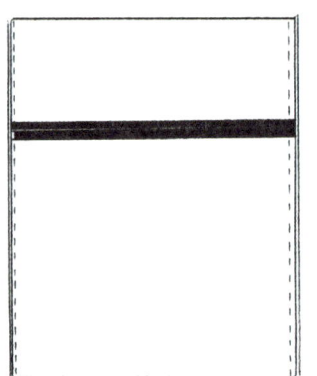

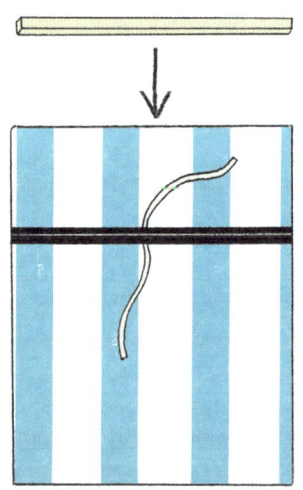

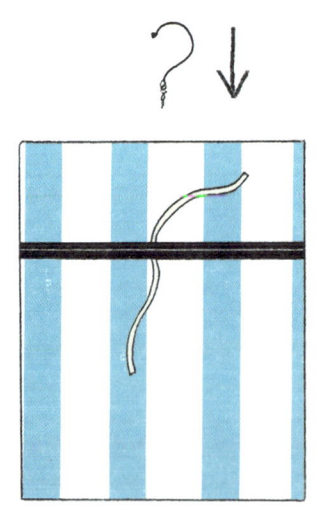

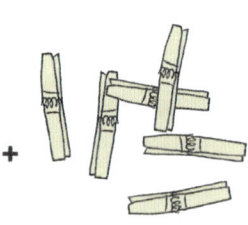

jetzt dürfen sie die klammern einfüllen!

plastiktütenspender.

sie brauchen

1 rechteck aus mittelfester baumwolle oder leinen, 40 x 62 cm.

1 kreis aus mittelfester baumwolle oder leinen, 14 cm durchmesser, für den boden.

1 baumwollkordel, 100 cm lang, für die zugschnur.

2 stücke schrägstreifen, jeweils 16 cm lang.

das ist ihr beitrag zum umweltschutz, denn sie werden alle plastiktüten mehrmals verwenden. dieser todschicke, selbst genähte tütenspender hilft ihnen, die plastiktüten sauber und ordentlich stets griffbereit aufzubewahren.

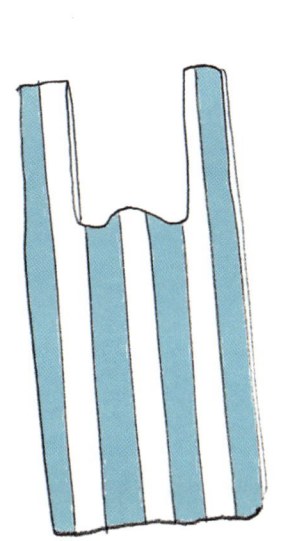
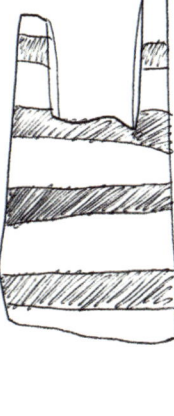
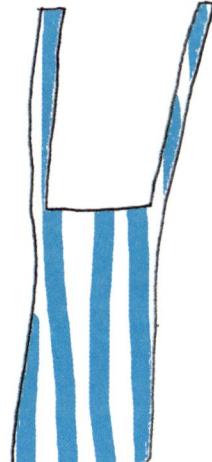

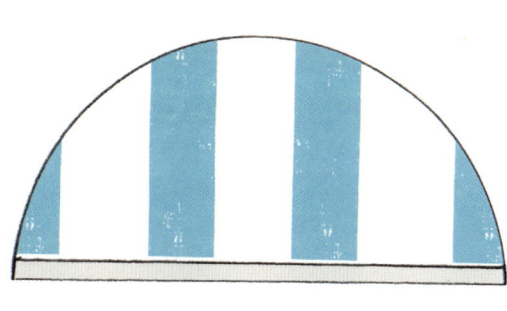

den boden vorbereiten.
halbieren sie den bodenkreis quer durch die mitte. falten sie jeden schrägstreifen der länge nach (siehe seite 20) und stecken sie ihn über die soeben geschnittenen kanten. nähen sie so knapp wie möglich an der gefalteten kante entlang und fassen sie gleichzeitig die untere kante mit.

den tunnel für die zugschnur vorbereiten.

messen sie an den langen seiten von jeder ecke 8 cm nach innen und machen sie dort einen 1 cm tiefen einschnitt für den tunnel.

den tunnel nähen.

falten sie die eingeschnittene kante 5 mm weit nach innen. bügeln sie sie. falten sie noch einmal 5 mm um, um die offene kante zu verbergen. bügeln, stecken und nähen sie die kante. setzen sie rückstiche an anfang und ende, um die naht zu sichern.

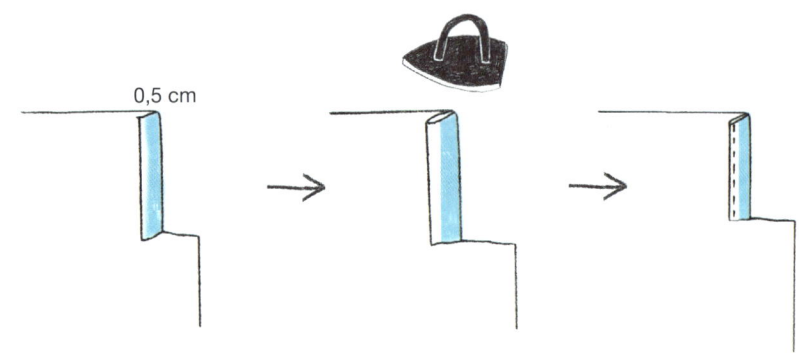

den tunnel fertigstellen.

falten sie entlang der kurzen kanten einen 1 cm breiten saum nach innen. bügeln sie ihn. falten sie jede kurze kante noch einmal so weit nach innen, sodass die gebügelte kante auf höhe des einschnitts liegt. nähen sie so knapp wie möglich an der gebügelten kante entlang und setzen sie rückstiche an anfang und ende, um die naht zu sichern.

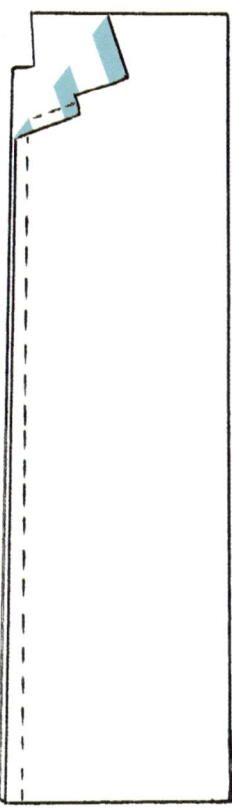

den spenderbeutel nähen.

falten sie das stoffstück der länge nach, sodass die offenen seiten-kanten aufeinanderliegen. stecken sie die kanten zusammen und nähen sie sie mit 1 cm nahtzugabe zusammen, um eine röhre zu formen.

den boden einsetzen.

machen sie an der unterkante der röhre in 2 cm abstand 1 cm tiefe einschnitte. setzen sie das aus zwei teilen bestehende bodenteil ein, die eingefassten kanten liegen aufeinander. stecken sie den boden rechts auf rechts in die vorbereitete röhre. nähen sie rundum mit 1,5 cm nahtzugabe. dies ist nicht ganz einfach, lassen sie sich zeit. wenn sie hier und da eine kleine falte nähen müssen, so ist das in ordnung. setzen sie rückstiche an anfang und ende, um die naht zu sichern.

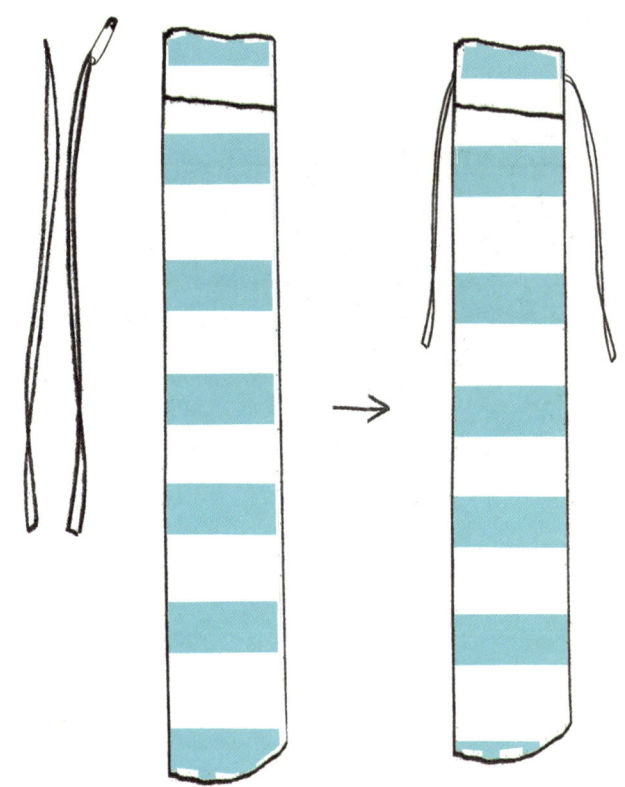

den spender fertignähen.

wenden sie den beutel auf rechts und bügeln sie die nähte. halbieren sie die kordel. ziehen sie beide kordeln mithilfe der sicherheitsnadel durch beide tunnel. danach halten sie alle enden fest und ziehen sie an einem davon, um festzustellen, welches ende zu welcher kordel gehört. verknoten sie jede kordel einzeln. ziehen sie eine der verknoteten kordeln durch den tunnel, bis der knoten an der anderen seite hervorkommt. so ist es ganz einfach, den beutel zu schließen, denn sie brauchen nur an den knoten in beide richtungen zu ziehen.

und jetzt füllen sie den spender mit leeren plastiktüten!

türstopper.

sie brauchen

2 quadrate aus mittlerem bis festem baumwollstoff, 16 x 16 cm, für boden und deckel.

1 streifen aus mittlerem bis festem baumwollstoff, 62 x 20 cm, für die außenseite.

1 streifen aus mittlerem bis festem baumwollstoff, 22 x 6 cm, für den griff.

1 kräftigen reißverschluss, 16 cm lang.

1 große plastiktüte oder gefrierbeutel.

1 gummiband.

etwas sand, reis oder ähnliches füllmaterial.

dieser praktische kleine türstopper hat in seiner ganzen pracht ein klassisches design, ist einfach zu nähen und verhindert, dass der wind die tür zuschlägt. für dieses projekt ist fester baumwollstoff am besten geeignet.

den griff nähen.

falten sie alle kanten des stoffstreifens 1 cm zur linken seite um und bügeln sie ihn. dann falten sie den streifen mittig der länge nach, sodass die umgeschlagenen kanten aufeinanderliegen. bügeln sie darüber und stecken sie die stoffe aufeinander fest. nähen sie an allen kanten knappkantig entlang. setzen sie rückstiche an anfang und ende, um die naht zu sichern.

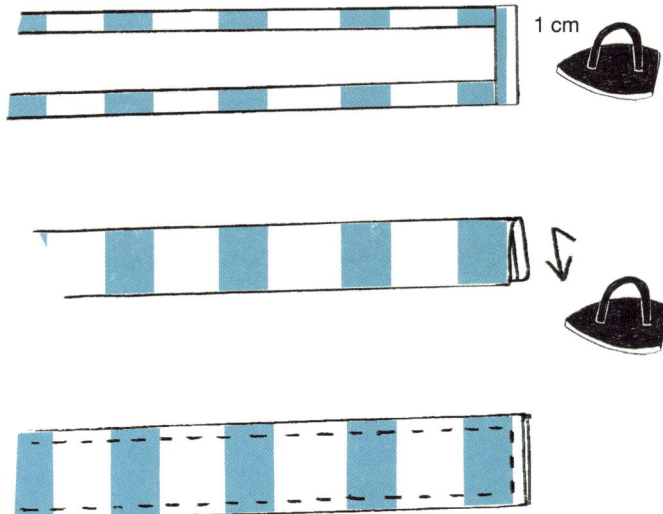

den griff festnähen.

stecken sie die enden des griffs auf die
rechte seite des deckels, wie abgebildet.
nähen sie den griff an. damit er gut hält,
nähen sie zuerst ein rechteck und dann
zweimal diagonal kreuzförmig darüber.

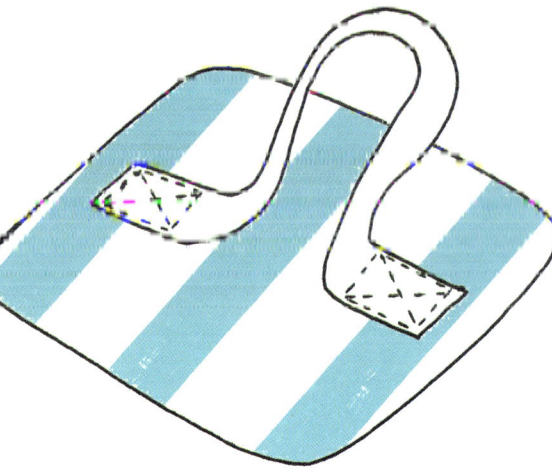

den reißverschluss einsetzen.

teilen sie das bodenteil quer durch die
mitte. falten sie an den soeben geschnittenen kanten 1 cm zur linken stoffseite
um. bügeln und stecken sie. dann nähen
sie einen reißverschluss ein, wie auf seite
23 beschrieben.

die seitenfläche vorbereiten.

falten sie den breiten stoffstreifen quer
rechts auf rechts, die kurzen kanten
liegen aufeinander. stecken sie die kurzen
kanten aufeinander und nähen sie sie mit
1 cm nahtzugabe zusammen. bügeln sie
die nahtzugabe auseinander.

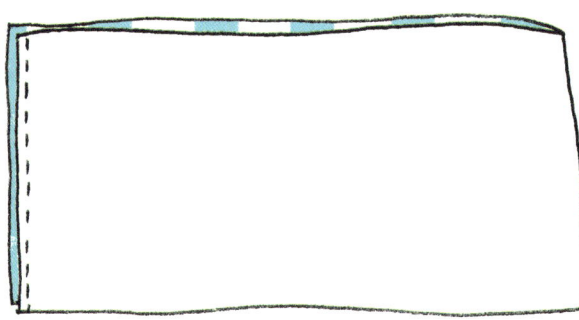

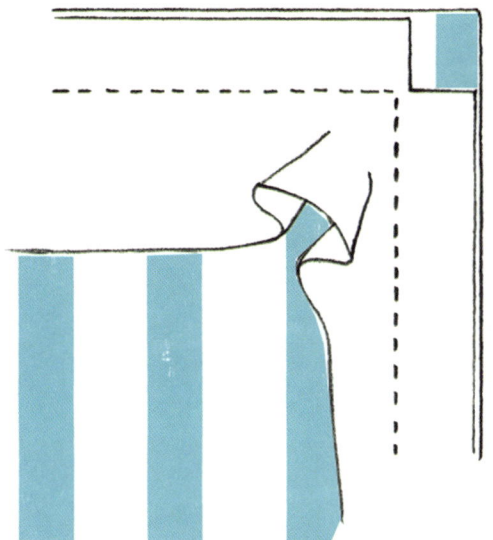

alle teile zusammensetzen.

stecken sie das seitenteil rechts auf rechts auf das bodenteil. schneiden sie die ecken der nahtzugabe ein. öffnen sie den reißverschluss, damit sie den türstopper später bequem wenden können. folgen sie den tipps für kastenecken auf seite 18, wenn sie die ecken nähen. nähen sie das seitenteil mit einer durchgehenden naht an den boden. setzen sie rückstiche an anfang und ende, um die naht zu sichern. wiederholen sie diesen vorgang beim deckel des türstoppers. wenden sie ihn auf rechts und bügeln sie die nähte (dabei ist die kante des bügelbretts hilfreich).

den türstopper füllen.

schieben sie die plastiktüte in den würfel. füllen sie die tüte mit sand, reis oder einem anderen füllmaterial. schütteln sie den türstopper während des füllens mehrmals kräftig, damit sich das material in alle ecken und bis oben hin verteilt. drehen sie die öffnung des plastikbeutels zu und verschließen sie ihn mit einem gummiband. schließen sie den reißverschluss. und schon können sie den türstopper benutzen.

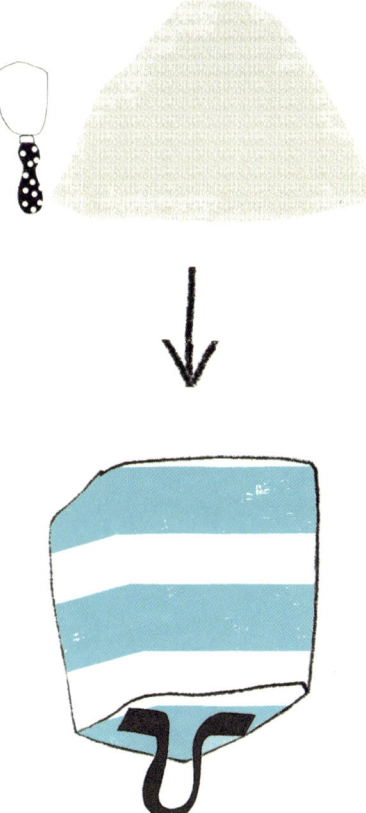

schuhbeutel.

sie brauchen

2 rechtecke aus mittelfestem
baumwollstoff, 38 x 46 cm.

1 streifen aus mittelfestem
baumwollstoff, 24 x 12 cm.

1 reißverschluss, 40 cm lang.

ich finde schuhbeutel extrem nützlich, besonders auf reisen. wenn sie
die guten kleider und schuhe in einen
koffer packen müssen, ist beides
gleich gut geschützt. sie eignen sich
auch gut, um die turnschuhe griffbereit zu haben, entweder für ein tennis-
match oder eine jogging-runde nach
der arbeit.

die schlaufe nähen.

falten sie alle kanten des stoffstreifens je
1 cm zur linken seite um und bügeln sie
ihn. dann falten sie den streifen mittig der
länge nach, sodass die umgeschlagenen
kanten aufeinanderliegen. bügeln sie
darüber und stecken sie die stoffe aufeinander fest. nähen sie an allen kanten
knappkantig entlang. setzen sie rückstiche an anfang und ende, um die naht
zu sichern.

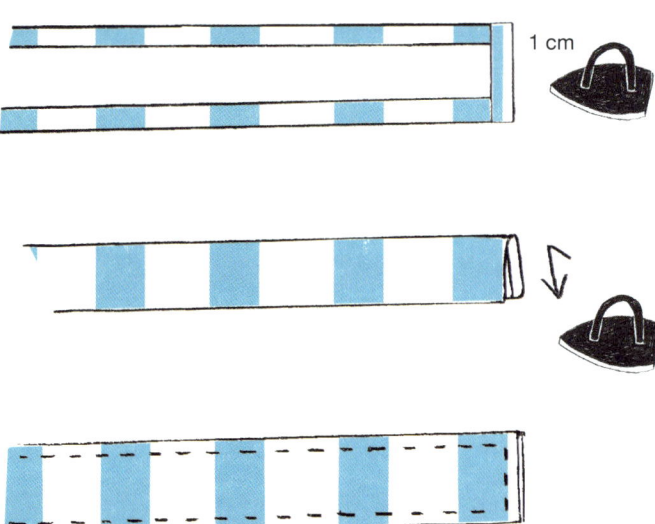

den reißverschluss einnähen.

falten sie bei beiden beutelteilen an einer kurzen kante 1 cm saum zur linken stoffseite um. bügeln und stecken sie ihn fest. dann nähen sie den reißverschluss ein, wie auf seite 23 beschrieben. schneiden sie überstehende nahtzugaben mit der zackenschere ab.

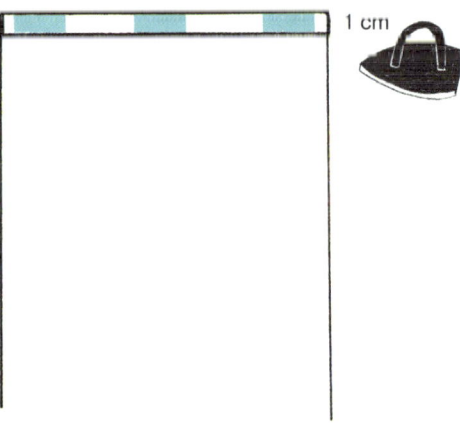

den beutel nähen.

stecken sie die beiden verbleibenden kurzen kanten rechts auf rechts und nähen sie sie mit 1 cm nahtzugabe zusammen. bügeln sie die nahtzugaben auseinander. wenden sie den beutel auf rechts (der beutel wird mit französischen nähten genäht, damit keine kratzende stoffkante ihre guten wildlederschuhe aufrauen kann). legen sie den beutel so vor sich, dass der reißverschluss 8 cm unterhalb der oberkante liegt. öffnen sie den reißverschluss rechtzeitig. stecken sie die seitenkanten aufeinander und nähen sie sie mit 1 cm nahtzugabe zusammen. schneiden sie die nahtzugaben mit der zackenschere bis auf 5 mm zurück. wenden sie den beutel auf links.

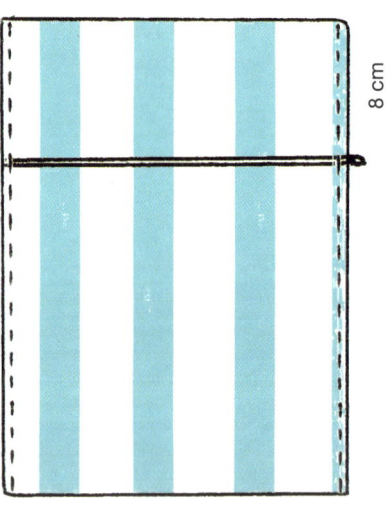

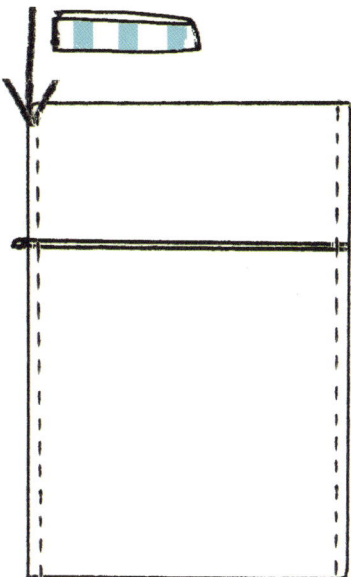

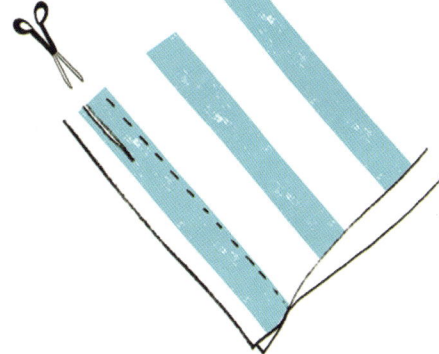

die schlaufe anfügen.

legen sie den beutel so vor sich, dass die seite mit dem reißverschluss oben liegt. schieben sie die schlaufe an der linken oberen ecke in den beutel, sodass die offenen kanten der schlaufe an der inneren naht anliegen. stecken sie sie fest. dann nähen sie jede kante mit 1 cm nahtzugabe zusammen und umschließen die offenen kanten mit einer französischen naht (siehe seite 17). achten sie darauf, die schlaufe mitzufassen. nähen sie zur verstärkung mehrmals über die schlaufenenden. wenden sie den beutel wieder auf rechts und bügeln sie ihn.

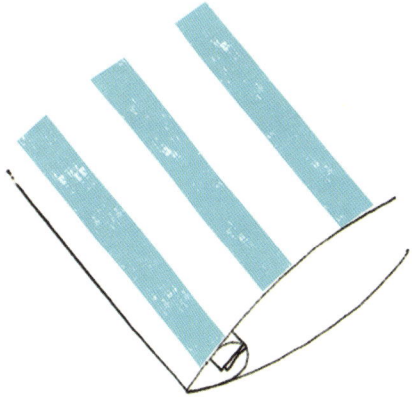

+

schablonen.

die schablonen sind nicht in
originalgröße abgebildet. jedes
kästchen ist 5 x 5 cm groß.

eierwärmer (seiten 38–39)

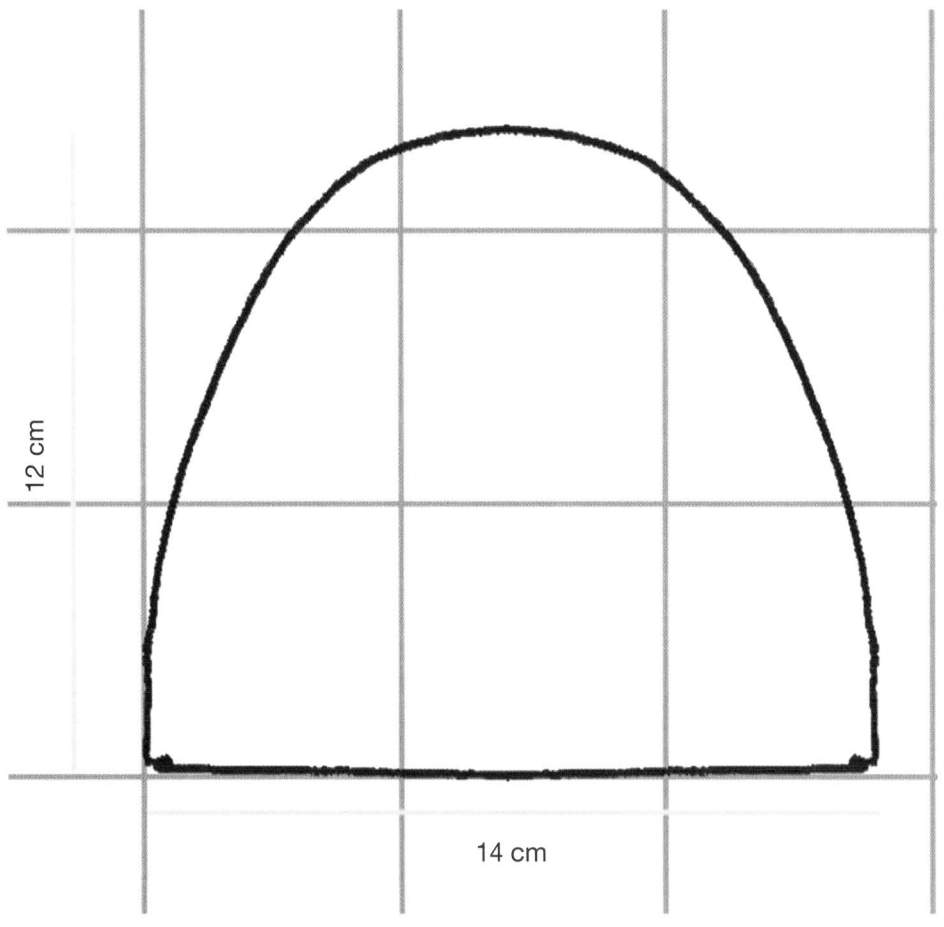

12 cm

14 cm

schürze (seite 40–41)

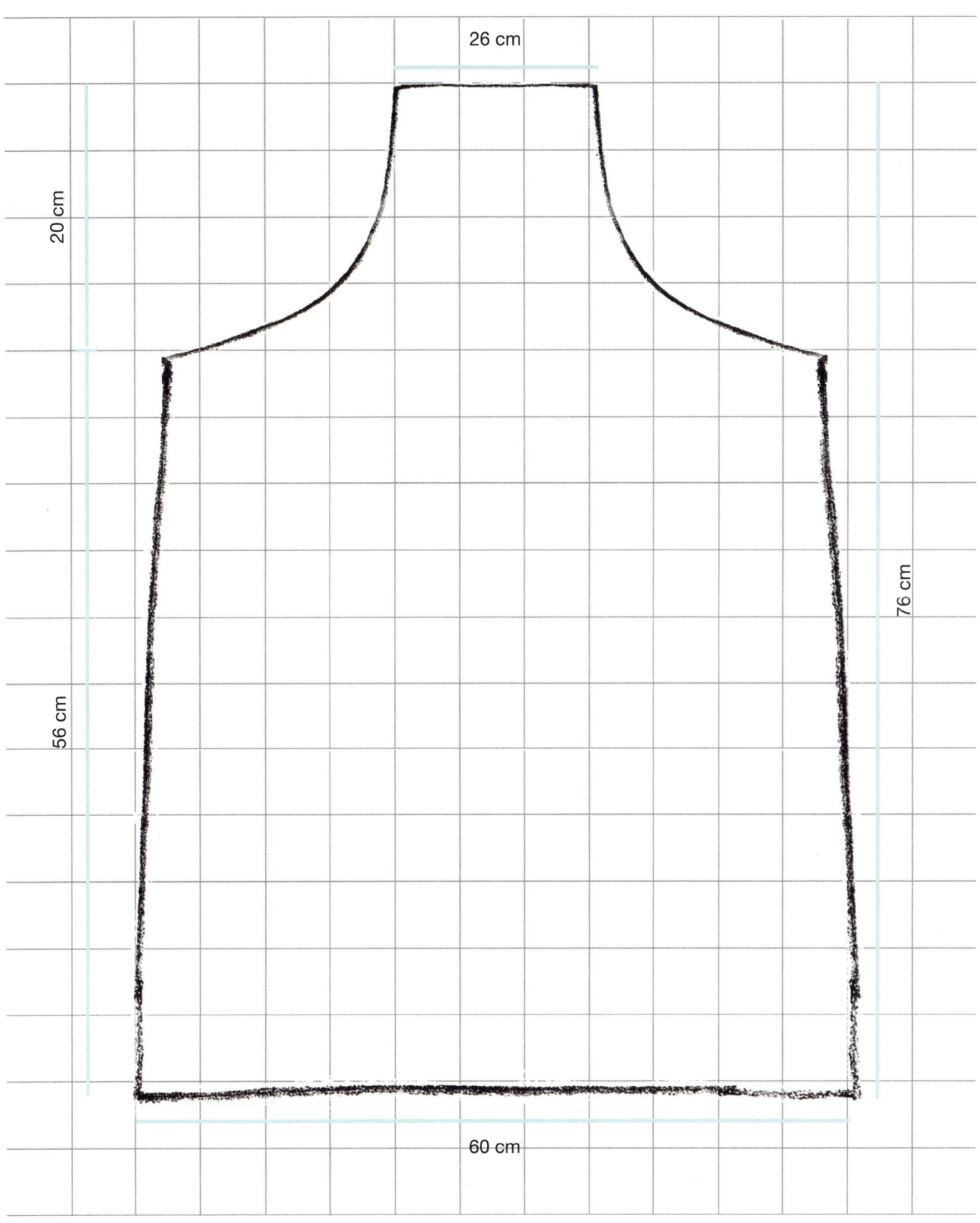

26 cm

20 cm

76 cm

56 cm

60 cm

kleiderbügelbezüge
(seite 104–105)

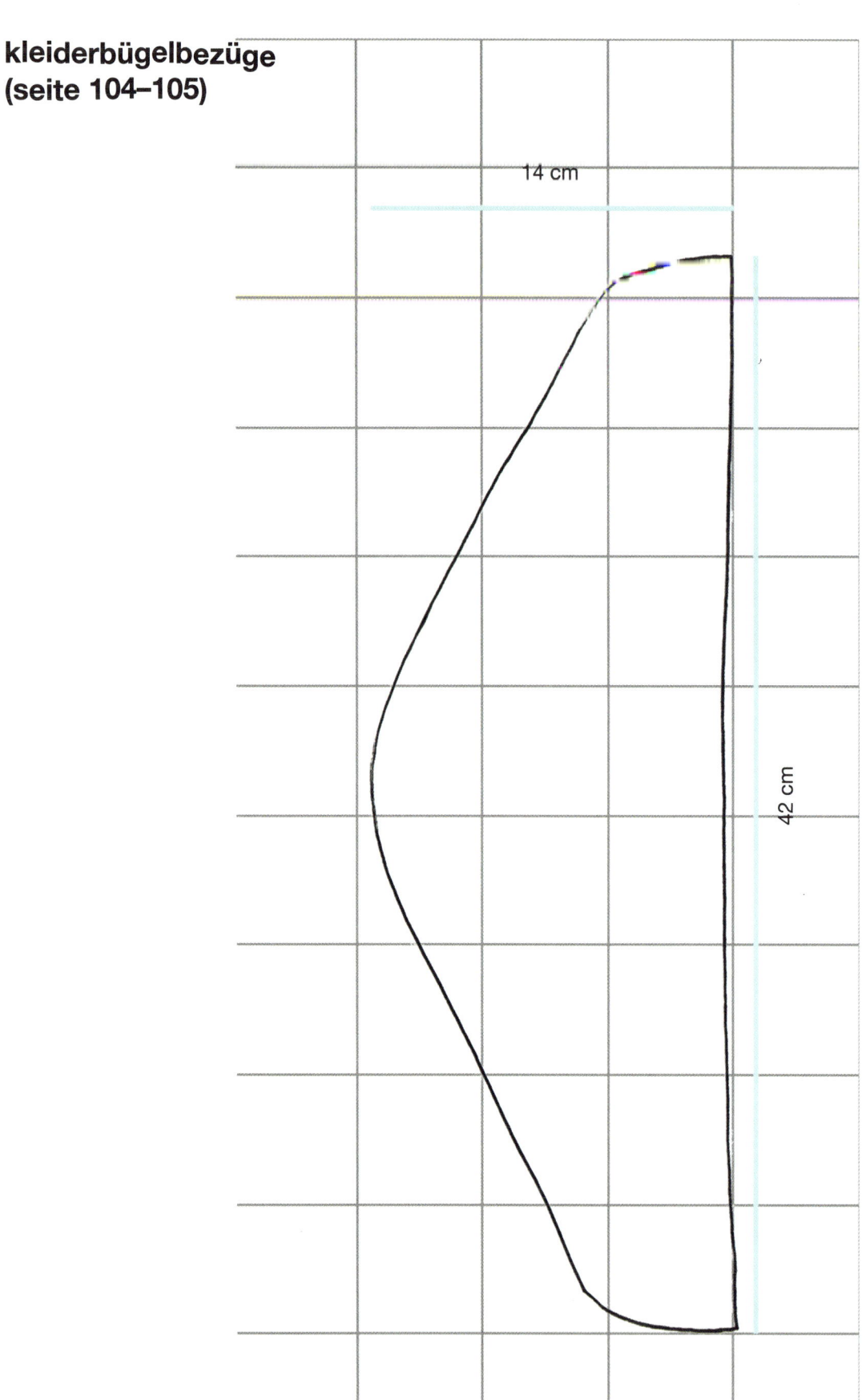

14 cm

42 cm

**kleidersack
(seite 106–109)**

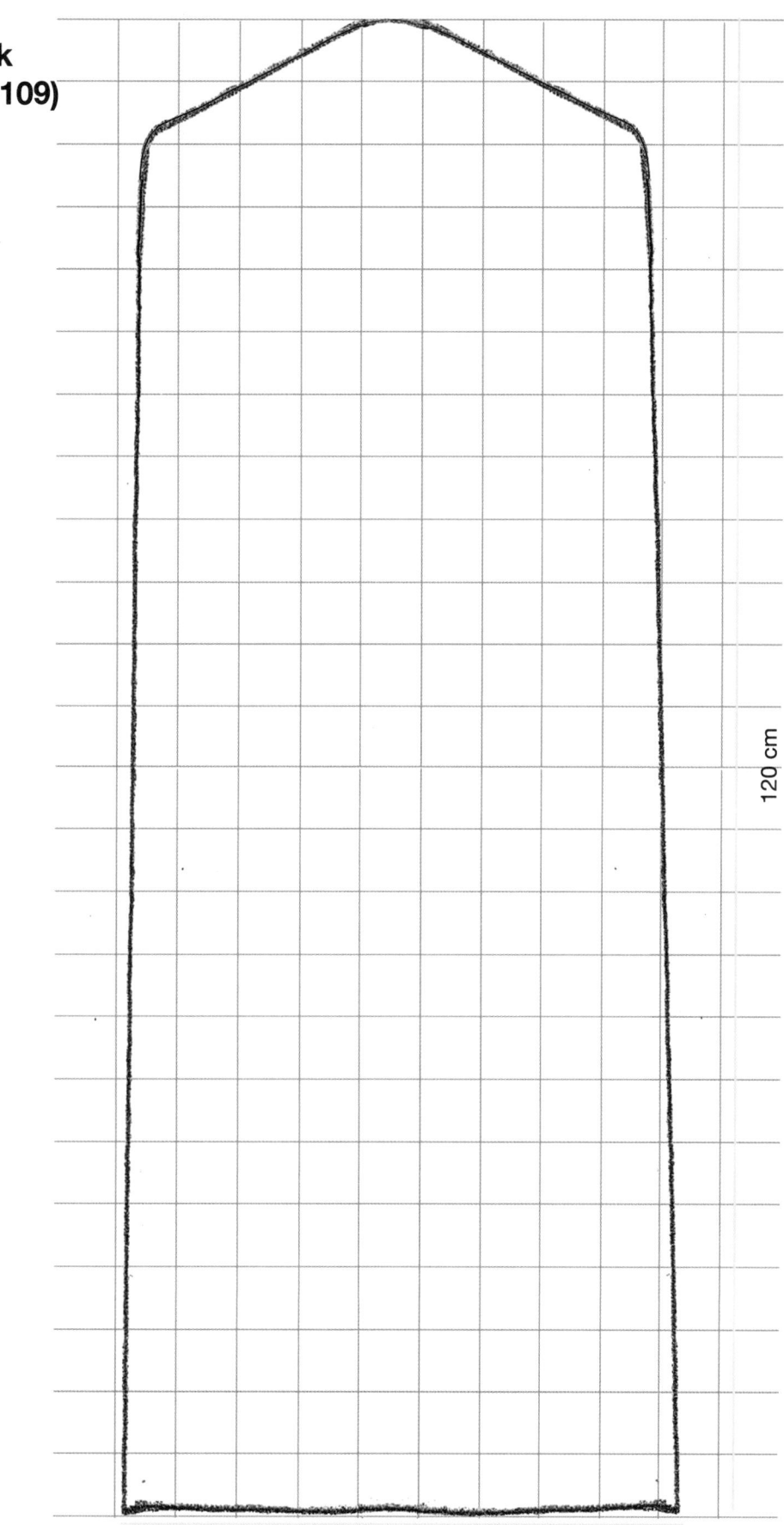

120 cm

43 cm

wärmflaschenhülle (seiten 96–99)

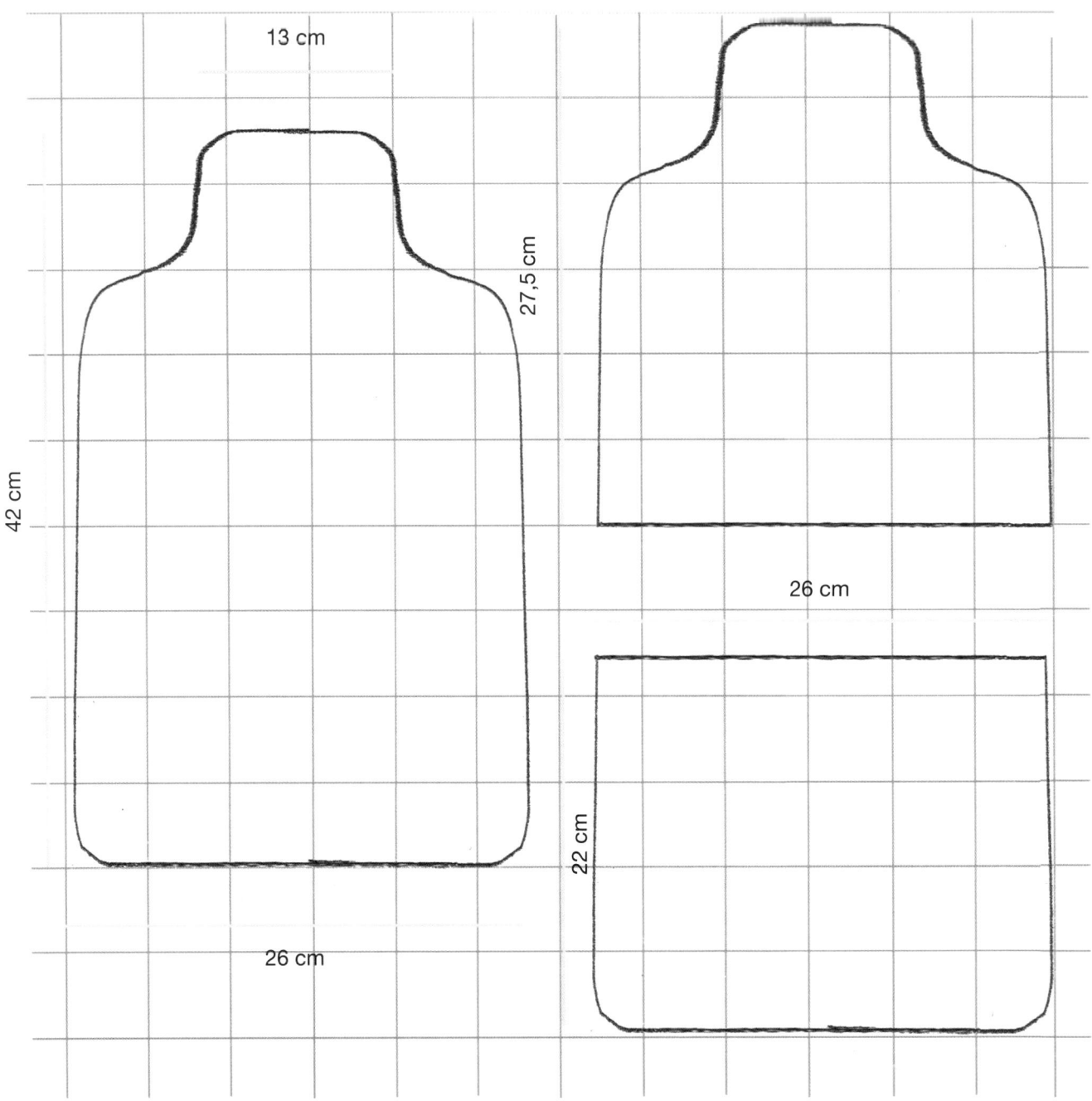

13 cm

27,5 cm

42 cm

26 cm

22 cm

26 cm

hersteller und lieferanten

stoffe
coats gmbh, kenzingen
www.coatsgmbh.de

knorrprandell gmbh, lichtenfels
www.knorrprandell.com

kurt frowein gmbh & co. kg
www.kurt-frowein.de

stof a/s, herning
www.stof-dk.com

westfalenstoffe ag, münster
www.westfalenstoffe.de

zweigart und sawitzki, sindelfingen
www.zweigart.de

garne/knöpfe/reißverschlüsse u. a. zubehör
amann handel gmbh, dietenheim
www.amann-mettler.com

coats gmbh, kenzingen
www.coatsgmbh.de

gütermann ag, gutach-breisgau
www.guetermann.com

jim knopf gmbh & co. kg, offenbach a. m.
www.knopfhandel.de

knopffabrik dill gmbh & co. kg, bärnau
www.dill-buttons.de

madeira garnfabrik, freiburg
www.madeira.de

prym consumer gmbh, stolberg
www.prym-consumer.com

union knopf gmbh, bielefeld
www.unionknopf.de

dank.

vielen, vielen dank allen personen, die mich in den vergangenen monaten großzügig unterstützt, ermutigt und inspiriert haben und mir geholfen haben, das buch zu realisieren.

dank an jane, lisa und claire für ihre unterstützung und fachkenntnis. an katie, die tolle stylistin und gute korrektorin, sie hatte verständnis für meine visionen und ermutigte mich auf wunderbare weise. an ben für seine fantastischen fotos und für seine geduld beim porträt. an mama und papa und anna für ihre unermüdliche unterstützung, ihre liebe und ihr vertrauen, die weit über dieses buch hinausgehen. besonders an mama für ihren notdienst, die überprüfung der anleitungen und ihren telefonischen tag-und-nacht-nachschlagewerks-auskunftsdienst. an sally und glyn für die berge von schnittmustern aus der 60ern, für die inspirierenden bücher und die viele ermutigung. an jo für ihre unterstützung, ihr vertrauen in mich, ihren schwung und ihre kraft tag für tag. an martha, emma, kangan, debbie und victor für das großartige brainstorming, die ermutigung, die notdienste, die vielen tassen tee und ihre wunderbare großzügigkeit. und an rich für seine tägliche, bedingungslose unterstützung, ermutigung und liebe, meinen fels in der brandung.

lisa stickley london
74 landor road
london sw9 9ph
telefon 020 7737 8067
www.lisastickleylondon.com